PALAVRAS SUBLIMES

VINHA DE LUZ

Belo Horizonte
2014

EDIÇÃO: Vinha de Luz | Serviço Editorial
Departamento Editorial da Casa de Chico Xavier
Av. Álvares Cabral, 1777 | 20º andar | Sala 2006
Santo Agostinho | 30170-001 | Belo Horizonte | MG
(31) 2531-3200 | 2531-3300 | 3517-1573
www.vinhadeluz.com.br — informacoes@vinhadeluz.com.br
www.casadechicoxavier.com.br — informacoes@casadechicoxavier.com.br

COORDENAÇÃO EDITORIAL
Célia Maria de Oliveira Soares | Geraldo Lemos Neto | João Marcos Weguelin

CAPA
Thiago Panegassi Lopes de Campos

IMAGEM DA CAPA | VINHETAS
stockfreeimages.com

PROJETO GRÁFICO | TRATAMENTO DE IMAGENS | DIAGRAMAÇÃO
REVISÃO TÉCNICO-CIENTÍFICA
Célia Maria de Oliveira Soares

1ª edição — setembro 2014 | 2.000 exemplares

Dados Internacionais de Catalogação na Publicação (CIP)
(Câmara Brasileira do Livro, SP, Brasil)

Palavras sublimes / Espíritos Diversos ;
[psicografado por] Francisco Cândido Xavier ;
organização João Marcos Weguelin. -- 1. ed. --
Belo Horizonte : Vinha de Luz, 2014.

Bibliografia
ISBN 978-85-63716-22-4

1. Espiritismo 2. Médiuns - 3. Mensagens
4. Psicografia I. Espíritos Diversos II. Weguelin,
João Marcos. III. Xavier, Francisco Cândido,
1910-2002.

14-08668 CDD - 133.93

Índices para catálogo sistemático :

1. Brasil : Médiuns : Biografia e obra 133.93

DEDICATÓRIA

A José Cândido Xavier,
com todo o nosso amor,
carinho e gratidão!

A Chico Xavier, trabalhador incansável da seara do Mestre, irmão incomparável, cujos exemplos de vida e ensinamentos de sua vasta obra servem para todos nós como permanente inspiração.

A D. Cidália Xavier de Carvalho, única irmã de Chico Xavier ainda encarnada, e herdeira legítima do patrimônio psicográfico e biográfico do maior médium de todos os tempos, quem nos autorizou a reproduzir em livro as mensagens de Chico Xavier publicadas em *Reformador* no período de 1933 a 1950.

Ao *Reformador*, repositório de ensinamento e de luz espírita, farol a clarear e a nortear a nossa jornada terrena.

Aos companheiros da Vinha de Luz Editora, que nos apoiaram em todos os momentos e nos permitem a publicação de cada livro, tendo, inclusive, colocado toda a coleção de *Reformador* da Casa de Chico Xavier, em Pedro Leopoldo, Minas Gerais, à nossa disposição.

AGRADECIMENTOS

Chico Xavier na juventude.

SUMÁRIO

Apresentação

1933

1934

1935

1936

1937

1938

1939

1940

1941

1943

1944

1945

1946

1947

1948

1949

1950

Referências bibliográficas

Leia também

Introdução

A trajetória de Chico Xavier pelas páginas de Reformador

O *Reformador*, órgão de divulgação da Federação Espírita Brasileira, é o mais antigo periódico espírita ainda em circulação no Brasil. Lançado em 21 de janeiro de 1883, não foi o primeiro divulgador do Espiritismo. Antes, surgiram os pioneiros *O Écho D'Alêm-Tumulo*, a *Revista Espírita*, a *Revista da Sociedade Academica Deus, Christo e Caridade*, *O Renovador*, entre outros.

Naquela época, o Espiritismo dava ainda os seus primeiros passos no Brasil. Somente em 1875 é que chegaram ao Brasil as primeiras obras de Allan Kardec traduzidas para a língua portuguesa. Aqueles primeiros anos da Doutrina Espírita no Brasil haviam sido marcados pela criação dos primeiros grupos espíritas, pela realização do primeiro congresso e da primeira exposição para a divulgação da Doutrina Espírita, mas também pela perseguição ao Espiritismo e o fechamento das suas instituições.

Foi nesse cenário que surgiram as primeiras páginas de *Reformador* no início de 1883, tendo a própria Federação Espírita Brasileira sido criada no final daquele mesmo ano, a 27 de dezembro.

Resgatamos, a seguir, um texto de nossa primeira obra espírita, que conta um pouco sobre o lançamento de *Reformador*:[1]

> "O mais antigo órgão de divulgação do Espiritismo no Brasil, ainda em circulação, é o Reformador, órgão oficial da Federação Espírita Brasileira.
>
> O Reformador iniciou os seus trabalhos em 21 de janeiro de 1883, com a denominação de Reformador - Órgão Evolucionista. Somente um ano depois, com a fundação da Federação Espírita Brasileira, é que o Reformador passou a ser o órgão oficial da FEB.
>
> O responsável pelo lançamento do Reformador foi o fotógrafo português Augusto Elias da Silva, que havia sido membro da Comissão Confraternizadora da Sociedade Acadêmica Deus, Cristo e Caridade e fundador do Grupo Espírita Menezes.
>
> Com recursos tirados de seu próprio bolso, Augusto Elias da Silva criou a oficina do Reformador no seu próprio ateliê fotográfico, à Rua São Francisco de Assis 120, sobrado (hoje Rua da Carioca), onde residia com a sua família.
>
> O Reformador surgiu em forma de jornal quinzenal, com quatro páginas e um reduzido número de assinantes. Boa parte dos jornais eram distribuídos gratuitamente. Mesmo assim, Augusto Elias da Silva sustentou o seu objetivo de fundar e conservar um órgão de propaganda

[1] *Memória espírita – Papéis velhos e histórias de luz*, publicado pelas Edições Léon Denis, em 2005.

espírita na Corte do Brasil. Para assumir a Direção Intelectual do Reformador, Augusto Elias da Silva chamou o Major Francisco Raimundo Ewerton Quadros. A tarefa não foi das mais fáceis, já que o Espiritismo era combatido com furor e ridicularizado por aqueles que sequer se interessavam em conhecer o seu conteúdo. Alguns escritores analisaram esse período com muita propriedade:

"Naquela hora as forças católicas estavam em marcha. Dos púlpitos fluminenses despejavam-se insultos e insinuações. Sendo impossível ao católico, como disse Carlos de Laet, distinguir o Demônio invisível do seu evocador visível, o "ódio por dever de consciência" era contra o espírita. Não se pensava em salvar o "endemoninhado". Segundo a lei de Moisés, citada na Pastoral, cumpria exterminá-lo." (Bezerra de Menezes, Canuto Abreu)

"Fundar e conservar um órgão de propaganda espírita, na Corte do Brasil, era, naquela época, de forma a entibiar o ânimo dos espíritas mais resolutos. Todas as baterias do Catolicismo estavam assestadas contra o Espiritismo. Dos púlpitos brasileiros, principalmente dos da Capital, choviam anátemas sobre os espíritas, os novos hereges que cumpria abater." (Grandes Espíritas do Brasil, Zêus Wantuil)

A situação da Imprensa Espírita também não era das melhores, conforme nos conta o autor Zêus Wantuil:

"A imprensa espiritista, para poder sobreviver, pedia uma orientação mais firme e perseverante, em que a renúncia e a abnegação constituíam fatores decisivos para alimentar uma tiragem irrisória, que não cobria as despesas de confecção, em vista de perfazerem os assinantes um número reduzido, de cem a duzentos, sendo o excedente de exemplares, geralmente o dobro, distribuído gratuitamente."

Em todos os momentos da história, *Reformador* – esse jornal que se transformou em revista – se posicionou em defesa da vida, defendeu de forma veemente a abolição da escravatura e valorizou a importância da mulher na vida cotidiana, numa época em que elas eram relegadas a segundo plano, vivendo numa sociedade essencialmente machista.

A partir da década de trinta, do século passado, a história de Chico Xavier começou a ser contada pelas páginas de *Reformador*. Algumas mensagens de *Parnaso de além-túmulo*, primeira obra do médium mineiro, foram publicadas nele antes do livro. As inesquecíveis crônicas de Humberto de Campos tomaram o mesmo rumo. E em tempos remotos as mensagens de Bittencourt Sampaio, Emmanuel, André Luiz e outros vultos do Espiritismo demoravam não mais do que um mês para chegar aos seus leitores, com seus ensinamentos e advertências de luz e sabedoria.

O material que resgatamos é composto de mensagens de Chico Xavier que localizamos em *Reformador* em suas edições de 1933 a 1950. As psicografias foram extraídas dos artigos e por isso mesmo ganharam novos títulos por uma questão de direito autoral. As pesquisas para localizar todo o material deste livro se estenderam por longo período e foram realizadas na Biblioteca Nacional, na Casa de Chico Xavier, em Pedro Leopoldo, e na internet. Inicialmente, folheamos cada uma das páginas de *Reformador* entre 1930 e o final de 1950 para localizar as mensagens. Posteriormente, iniciou-se uma etapa ainda mais trabalhosa, quando tentamos verificar se cada mensagem localizada tinha sido publicada nas suas mais de 400 obras publicadas em vida, número que rapidamente se aproxima das 500 obras, com as publicações ocorridas após a sua desencarnação. Essa pesquisa foi realizada em cerca de 410 obras digitalizadas e a partir de ampla pesquisa na internet. Devido ao imenso número de livros e à falibilidade do ser humano, é possível que alguma dessas mensagens que acreditamos inéditas tenham já sido publicadas em algum de seus livros, principalmente naquelas obras que foram publicadas após a sua desencarnação. Nesse sentido, pedimos a compreensão do leitor para essa questão, ressaltando que tudo fizemos para chegar o mais próximo possível da realidade dos fatos.

Rogamos que estas mensagens edificantes possam trazer para o amigo leitor as bênçãos da paz, os conhecimentos sublimes e a inspiração necessária para direcionar a sua jornada em direção aos planos de luz.

João Marcos Weguelin

Organizador

PALAVRAS SUBLIMES

Chico Xavier com 20 anos.

1933

NÃO TE APAVORES

Demasiado interessante é a crítica de alguém ao "Parnaso de além-túmulo", que as inteligências de cá, condenadas à maldição da poesia, entenderam de atirar por teu intermédio ao mundo, sem mais nem menos, eximindo-se de formalidades como as dos contratos e pagamentos aos editores.

Lamentam os vivos, "pro domo sua", o inconcebível atrevimento dos mortos que lhes fazem concorrência às gamelas quebradas onde resfolga a literatura daí, maldizendo a predestinação que, como nódoa indelével, acompanha os espíritos para os misteriosos recantos do além-túmulo e mormente os pobres espíritos dos poetas.

Inqualificável ousadia a nossa, regressando ao pântano deste mundo, onde, atendendo-se à nudez da verdade, sem o manto diáfano da fantasia, sentimos sobre o aroma das flores o mau-cheiro do pus que distila. E infelizes daqueles que nasceram para conviver com as musas, que são pessoas que não conheço, nem cujos favores solicitei na vida transitória daí. Porém, como somos obrigados a aderir às teorias deterministas, posso ter nascido na Terra predestinado à ironia e ao chiste, interessando-me, por uma questão de afinidade, as chocarrices dos nossos colegas deste cantinho que em boa hora deixamos, conforme asseveram, para o nosso e o seu bem. Todavia, como já não continuo escrevendo as "Cartas da Inglaterra" datadas de Portugal, nem trazendo ao público "A Ilustre Casa de Ramires", ou em desentendimentos com as casas editoras da minha heroica pátria portuguesa, ou mesmo da França, pouco se me dá que a ironia e o pessimismo sejam os característicos das minhas opiniões póstumas.[1]

Depois de realizarmos a travessia do Charonte, mais cheia de peripécias que as conhecidas nos voos solitários transoceânicos, já não nos impressiona a fantasia que resolveu inverter todas as coisas, classificando a macheação de amor e a pornografia de realismo, em literatura. Aqui em tudo experimenta-se a verdade que empolga, comove e arrasta; mas como esse vale de lágrimas e de tolices nem sempre se encontra de olhos abertos para divisá-la, resguardamos as nossas impressões em boas capas mundanas, a fim de que os sentidos dos homens possam percebê-las. Alguns rotulam-nas como rimas, como os desventurados autores do "Parnaso de além-túmulo"; quanto a mim, prefiro engarrafá-las em mofas e sandices. E de acordo com nossos ilustres confrades de letras a nossa lembrança é, positivamente, inoportuna, apavorando os nossos semelhantes com a ideia da sobrevivência além da morte.

Quando quase todas as organizações sociais e políticas se ressentem do desmantelo em que vivem; quando a febre dos partidos se intensifica, consumando a separação no seio das coletividades e dos lares, realizarem os mortos "raids" interplanetários, quais aeroplanos invisíveis para recordar aos vivos a imortalidade do espírito, é uma imprudência tão grande que necessário se faz penitenciarem-se os que cometem o grave erro de dar-lhes acolhimento e guarida. E clamoroso perigo é o fato verificado de que esses mortos são, em geral, os mesmos seres da Terra, conscientes, pensantes e conservando identidade, muitas vezes, de gosto e opiniões, o que se afigura aos homens uma condenação, um eterno

[1] *As cartas de Inglaterra* foram publicadas pela Gazeta de Notícias do Rio de Janeiro, de 1880 a 1896, depois reunidas em livro pela Lello e Irmão Editores, Livraria Chardron, Porto, em 1905. A obra *A ilustre casa de Ramires* foi publicada pela mesma editora no ano anterior, ou seja, em 1900.

círculo vicioso, onde se agitarão dentro da eternidade dos evos os desgraçados que partiram.

Faz-se mister que a morte seja o sobrenatural, o fantástico, o Lethes onde se opere a imersão da alma, um maravilhoso banho mitológico, de onde se escape o espírito mais rude e ignorante, como um sábio, transudando lições e virtudes.

Auscultando a verdade, tremem ou sorriem os vivos diante da existência das almas e inquirem se Anchieta ainda estará cantando por aqui as excelsitudes do espírito da Virgem Maria, em língua tupi, ou se Luís de Camões se conserva celebrando ainda os brilhantes feitos da gente lusitana, como um legítimo propagandista, no "outro mundo", da terra portuguesa, arrebanhando "touristes' e captando loas para Vasco da Gama, junto à imprensa de Marte e de Júpiter. É possível.

O que seria naturalíssimo e nada interessante é que o grande Sêneca deliberasse volver ao mundo para ensinar o processo de fabricar louças, e que Napoleão regressasse aos inválidos com o objetivo de compor um madrigal. Dessa forma, o fenômeno seria tão corriqueiro que se tornaria indigno de apreço. É preciso que o menino camponês emigre para a Sorbonne da sua aldeia miserável, lá se conserve por decênios consecutivos e, regressando depois ao rincão natal, se dirija aos seus conterrâneos habituados a trincar peixes podres, com um vocabulário de cem palavras, e se esfalfe no trabalho de esclarecê-los no tocante às teorias de Spencer e de Kant, para que os seus patrícios esbocem, à sua maneira, um sorriso de incredulidade. Eu é que não me sinto disposto a semelhante inclinação. É mais razoável que os párocos nos expulsem como demônios para o Marão.

Penaliza-me, todavia, é o nosso trabalho que cortou o teu futuro de literato e estragou a tua reputação. Acreditar em almas é de quem viveu na época medieval, quando os lobisomens corriam nas ruas sob os exorcismos do povo. És um parvo e os teimosos crentes que te compreenderem serão parvinhos como tu, excetuando-se aqueles conhecedores da ação do subconsciente nos fenômenos psicológicos. Julgo melhor, portanto, apoiares, sem tergiversações, a hipótese do subliminal; e agradece a propaganda dos doutos que criticam, contestando ou sem contestar, finos e leves em suas sutilezas.

Durante as discussões dos crentes e dos descrentes, considera-te na alta investidura de repórter do além-túmulo. Prossegue nas tuas entrevistas e "furos" com as personalidades que já se foram ou que já vieram, pois o potro da difamação e do ridículo foi sempre prerrogativa dos obreiros da verdade. Vai continuando, até que te receitem a enxovia ou o manicômio. No cárcere ou no sanatório, alcançarás um período de repouso. **Não te apavores**.

Eça de Queirós

Reformador | 1 de abril de 1933

EM BENEFÍCIO DA COLETIVIDADE

Paira uma nuvem de apreensões no céu do torrão brasileiro, onde Ismael desfraldou o seu lábaro de paz e de concórdia, alicerçando as conquistas do Evangelho de Jesus, em espírito e verdade. Uma angústia incoercível domina as almas que se sentem ameaçadas de assalto à liberdade de consciência, impostergável direito do espírito humano, patrimônio sagrado do "ego"! Soberano, inextorquível.

É, porém, nesses necessários períodos de transição, inseguros, imprecisos, que a crença tem de fortalecer o indivíduo **em benefício da coletividade**. Todos os saberes da lição cristã devem esperar essas fases dolorosas e amargas para os agrupamentos humanos, confiantes, todavia, na promessa evangélica.

Uma renovação se processa de há muito para a humanidade e é natural a confusão dos menos avisados. É certo que vem precedida de muitas dores, porque dói ao homem materializado afastar-se das suas criminosas paixões, incubadas atavicamente através de tantos séculos. São precisos, portanto, os sofrimentos purificadores, não só no terreno pessoal já que sempre existiram as provações coletivas.

A ameaça de coação à consciência emancipada e independente da época hodierna, coação que representará uma alienação no já evoluído e luminoso domínio das conquistas jurídicas, é natural como fato decorrente do desleixo pela justiça e do esquecimento condenável dos códigos sociais e divinos. Há, porém, a responsabilidade e a lei indefectível das reações espontâneas e, sobretudo, temos de considerar que se arbitrar é um direito no mundo da individualidade, progredir é a lei da coletividade, lei reguladora do destino de todos os seres em conjunto e que dimana da Causa Suprema, para a qual toda personalidade evolui, tendo a sua visão limitada a um plano restrito, desconhecendo, portanto, os altos e sábios desígnios da Providência.

Na terra magnânima do Brasil, a hora é de apreensões morais e o Espiritismo, que é a mensagem da paz e da unificação para o homem sofredor da atualidade, pede apenas aos que integram as suas fileiras que se conservem no âmbito das iniciativas sadias que objetivam o bem sob as suas inúmeras modalidades, sem ódios ou sectarismos dispersivos, conscientes de que todo personalismo é inútil como demonstração do injustificável orgulho humano.

Que cada um trabalhe para o mesmo fim de regeneração e de paz dentro da esfera onde foi chamado a operar e viver. E todos unidos, numa coesão admirável, vibrando na mesma aspiração de fraternidade, atuem com uma só preocupação, a do bem coletivo, e, firmes nos seus postos, sigam o carro fulgurante da evolução, porquanto obstáculo algum tolherá os passos ao progresso universal.

Que a política individualista ou facciosa lance decretos sub-reptícios; que uma ideia deturpada se levante, impondo-se filauciosamente; que a perseguição à liberdade espiritual avulte, como fantasma ameaçador; que nuvens enegrecidas assomem nos horizontes, prometendo espalhar miasmas daninhos; confiem todos na bondade de Jesus, com serenidade e ânimo, com humildade ante a onisciência do Criador, porque o progresso não é uma figura, uma ficção ou um problema metafísico. Impugná-lo será ignorância, cerceá-lo, uma loucura, sofrer pela sua expansão, uma glória.

O futuro no-lo dirá!

Que todos caminhem com o pensamento fixo em Deus, corações imersos na esperança espiritual e mãos mergulhadas na prática do Evangelho.

Um enviado de Ismael

Reformador | 16 de setembro de 1933

Chico Xavier com Manuel Quintão (à sua esquerda) e José Cândido Xavier (de branco), seu irmão e colaborador.

1934

NOS "AIS" DO APOCALIPSE

Não é debalde que se vos tem anunciado das Alturas serem chegados os tempos preditos pelo Cordeiro divino para o estabelecimento da verdade entre os homens. Os séculos passaram, no seu escoar incessante, sobre a personalidade de Jesus Cristo; todavia, não conseguiram empanar as suas promessas que se cumprirão integralmente, como outrora se cumpriram, com a sua vinda ao mundo, as profecias dos elevados espíritos que escreveram com os seus sacrifícios a história de Israel.

Tocais a época em que a luz espiritual se derramará sobre as trevas da carne e das impurezas; mas luz que nascerá de choques tremendos, obedecendo à lei natural que presidiu aos cataclismos inconcebíveis, que varreram da face do planeta, em seus períodos primários, as causas de desorganização para que se efetivasse a aglutinação de todos os elementos aptos a receber em seu seio os primeiros organismos humanos. Como vós outros, é nas sagradas promessas do passado que bebemos as inspirações do futuro e sem nos aventurarmos imprudentemente pelo terreno das afirmações categóricas, que implicariam desconhecermos o nosso dever de submissão aos sábios e irrevogáveis decretos do Altíssimo, podemos afiançar que a transformação moral da humanidade se processa de há muito e de há muito uma ativa colaboração dos espaços infinitos se vem fazendo sentir nos destinos da humanidade, com o elevado objetivo de norteá-la para o verdadeiro conhecimento da vida.

O Cristianismo, em suas origens simples e puras, iniciou um ciclo de progresso espiritual no planeta e o século XX, com as suas concepções de liberdade, dentro da razão e da ciência, assinala a transação entre a morte do mundo material e o nascimento de uma nova era. É claro que nem todos os homens se apercebem da verdade evangélica, porém, apáticos ou indiferentes, serão tocados pela vibração que fará estremecer todas as almas e estalar de ansiedade os corações. Chegaram os tempos em que a verdade será dita de cima dos telhados e, sem retórica, serão as dores as portadoras das suas mensagens, porque o "homem velho" reagirá contra o "homem novo".

A guerra se desencadeará, porém, um tombará na noite caliginosa da ignorância, com as suas armas fratricidas, e o outro surgirá na alvorada do Evangelho de Amor. Contudo, aos tempos novos, cujos eflúvios de paz podeis prelibar, quantas flagelações e dores expiatórias não custarão!

Instituições veneradas, sistemas filosóficos, organizações políticas desaparecerão no abismo que tragará todos os fatores do estacionamento e da esterilidade entre os homens, e os corações serão lavados com lágrimas, purificando-se nessas abluções divinas.

A luta será gigantesca; vereis homem contra homem, nação contra nação. A guerra, esse pavoroso gênio do extermínio, alargará todas as suas possibilidades de destruição e suas vozes aterradoras anunciarão outros flagelos, decorrentes da sua ação corrosiva, mas necessária. Então, a humanidade se lembrará daquela voz austera e doce que lhe exprobrava: "Ó Jerusalém, Jerusalém, quanta vez eu te quis abrigar, como a galinha aos seus pintinhos!" Tais acontecimentos serão atestado de um trabalho de seleção que se fará entre todos os elementos espirituais do orbe terráqueo e o homem, amedrontado, assistirá aos funerais de toda uma civilização que, tendo nas veias do seu vasto organismo o sangue metálico, o ouro corruptor dos seus anseios de espiritualidade, conservador dos instintos animalizados, sangue viciado pelo vírus de um egoísmo sem limites, morrerá intoxicada pelos excessos e pelos desvarios a que se entregou desenfreadamente. A confusão se consumará e o mundo verá a morte das facções teocráticas, porque todos os templos materiais serão destruídos, todos os sistemas de falsa democracia desaparecerão no vórtice de reações fantásticas, que abalarão as coletividades tomadas de pavor. Uma onda de destruição pairará sobre a Terra; mas no período das grandes dores uma voz ecoará branda e severa, compassiva e energética para coordenar o princípio do novo ciclo de evolução planetária. A escória espiritual constituída pelos cegos e surdos voluntários será exilada como raça de seres decaídos, porque não mais a sede maldita de ouro predominará entre os homens e um fraternismo cristão se implantará sob uma só bandeira de paz.

Os espíritos prepostos a essa grande obra de alevantamento moral do planeta já se acham a postos, entre as sombras da carne, para amparar os fracos e libertar os oprimidos, na realização das promessas evangélicas e para sustentar as almas combalidas **nos "ais" do Apocalipse**.

Nos espaços, elaboram-se grandiosos projetos, todavia, na execução dos planos divinos estão eliminadas as noções de tempo e de espaço. Por esse motivo, os que podem descortinar algo do futuro se acham isentos da ideia estreita de pátria e personalidade, e de forma alguma circunscreverão suas palavras. Para os homens, falarão de modo que parecerá vago, mas essa suposição nasce de uma interpretação falsa, porquanto aqueles se acham possuídos da real concepção do Universo e da fraternidade de todas as almas. O que vos afirmo é que, como no princípio o Verbo estava com Deus, a Terra se formou, tem vivido e viverá com o Verbo, que está com Deus até a consumação dos evos. O Verbo é a verdade e toda verdade que se tem manifestado no mundo, e que aí se há de manifestar, será a sua voz interpretada pelos corações que com ele se identificam. Jesus presidiu e presidirá a todas as transformações do planeta e o que se faz mister é que vos identifiqueis com ele. Para esse trabalho superior e dignificante, tendes o Evangelho, sinopse de todos os compêndios do aperfeiçoamento espiritual.

Orai e vigiai, mas, sobretudo, amai muito. Aguardai sem desânimo e sem impaciência a hora que se aproxima. Sede os verdadeiros trabalhadores da seara divina. Existe formada uma caravana de bons obreiros desde os primórdios do trabalho de evangelização do mundo. Essa caravana jamais se dissolveu e tem aumentado com a incorporação de muitos espíritos de boa vontade. Integrai-lhe as fileiras.

Reconhecereis os seus membros não através de suas palavras, mas através dos seus atos. Eles não trazem ouro nem prata, porém constituem focos de virtudes espirituais. Não são filhos do século, mas sim da luz e se lhes pode aplicar a palavra do Mestre aos apóstolos bem-amados: "Eu vos envio como ovelhas ao meio dos lobos".

Esperai, pois, com humildade e pureza, e trazei o vosso coração como um tabernáculo sagrado, onde seja depositada a centelha que restabelecerá a verdade. Nunca vos detenhais nas palavras; procurai descobrir o espírito, a essência de todas as coisas.

Lembrai-vos de que a cada um será dado segundo as suas obras. E que o Espírito da Verdade se derrame sobre todos os corações, amenizando todos os sofrimentos e estabelecendo o reinado da verdadeira paz sobre a Terra.

Bittencourt[1]

Reformador | 16 de março de 1934

[1] Francisco Leite de Bittencourt Sampaio nasceu em Sergipe, na cidade de Laranjeiras, em 11 de fevereiro de 1834, vindo a desencarnar no Rio de Janeiro em 10 de outubro de 1895. Foi magistrado, político, jornalista, poeta e médium receitista no Grupo Confúcio, na capital carioca. Fundou a Sociedade de Estudos Espíritas Deus, Cristo e Caridade em 1876.

DEEM LUZ AO BRASIL!

Não encontro mérito algum em proclamarmos agora as realidades da sobrevivência no além-túmulo, quando as nossas biografias apresentam opiniões e atos contraditórios em nossas atividades pessoais, quanto ao problema, transcendente em demasia para a nossa miopia humana, da existência das almas. Nem venho utilizar-me da tribuna que o Espiritismo me oferece para a dialética de doutrinarismo político, porque já não sou mais o candidato das campanhas democráticas em marcha para as altas magistraturas do país. É possível que se presuma de oportunidade a minha opinião espiritual quanto à nova Constituição brasileira, recentemente promulgada; todavia, encerrada a atividade no trabalho que se nos designou sobre a face do mundo, encaramos de perto o edifício da verdade relativa que nos é dado contemplar e reconhecemos quão errados permanecíamos, anquilosados em nossos sentimentos individualíssimos, sandejando dentro do espírito acadêmico dos preconceitos sociais, e não é razoável que atuemos diretamente sobre as iniciativas humanas, em nossas remotas condições de invisibilidade.

Estas as razões principais para que eu enverede por outras estradas, trazendo a quantos me ouvem algo de animador para **a colheita da Espiritualidade**. Não me é lícito, portanto, aproveitar o ensejo que se apresenta para explanar doutrinas partidárias. Devo, sim, tratar da doutrina da fraternidade humana, única apta a conduzir o homem aos seus altos destinos, e da grande lei reguladora de todos os fenômenos da existência espiritual. Quantos, como eu, se ocuparam na Terra com questões meramente mundanas e cedo reconhecem a ineficiência de muitas de suas obras, oriundas de orgulho e egoísmo pessoais! Já não é o patriotismo da facção que nos move os impulsos da alma, mas o sentimento de tudo quanto é superior, e elevado, capaz de arrebatar-nos a esferas mais lúcidas do conhecimento, sob todos os seus aspectos!

Voltando, pois, mais diretamente ao convívio dos brasileiros, desejo apenas chamar-lhes a atenção para o grande problema da educação, indispensável à mentalidade coletiva, para a necessidade de aplicar-se com mais afinco à solução do enigma pedagógico, que implica a formação do caráter de toda uma nacionalidade. E tal problema está totalmente afeto à direção política do país, atarefada em circunscrever as suas atividades à propaganda partidária, facciosa, sem quaisquer benefícios generalizados.

A política é uma ciência, como a mecânica, a física, a química, em suas questões diversas. Aqueles, porém, que se reúnem sob a sua bandeira, que deve ser um símbolo de fortaleza moral e amparo coletivo, precisam saturar-se do conhecimento de todo o bem que poderá advir da concretização do ideal fraternista, que o próprio materialismo positivo preconiza, como fator da estabilidade da paz e da evolução de um povo. Infelizmente, no Brasil, a mentalidade política se ressente de falhas comprometedoras. Cogita-se, unicamente, dos candidatos de clã, os quais ascendem à suprema autoridade, devido ao sentimento de gregarismo imperante nas massas eleitorais. Não valem, em nossa terra, as plataformas democráticas, os programas de ação regeneradora. Por infelicidade, excetuando-se uma "elite" relativamente mínima, a máquina sufragante se reduz à mão dos chefes locais, manejada sob a proteção dos erários públicos, prevalecendo tão-somente o programa das individualidades, que, em qualquer agrupamento, se constituem uma força, um eixo a cujo derredor giram todas as opiniões, gravitam todas as ideias!

Num país como o nosso, onde desde a realização do ideal republicano têm medrado liberalíssimos dispositivos constitucionais, reconhecemos que a mentalidade geral não corresponde a essa liberdade espontaneamente outorgada, porque a ignorância ainda campeia quase que em toda parte, cultuando condenáveis absurdos políticos, pelo sentimento errôneo de fidelidade excessiva aos chefes. Necessita o Brasil de uma autoridade centralizadora, que consiga polarizar todas as energias do sentimento nacional, para que o progresso não se afigure uma aquisição aleatória, dentro de uma pátria generosa, apta a receber e cultivar as sementes dos mais puros idealismos da humanidade e destinada a exercer tanta influência no mundo pelos seus vínculos de Cristandade, figurando entre os povos como um recanto, onde a paz é o anseio visceral de cada indivíduo. Mas torna-se necessário, imprescindível, que o povo se eduque convenientemente, porque só a luz da educação requerida poderá manifestar a sua soberania, escolhendo conscientemente os seus governantes, não em obediência às inspirações regionais, quase sempre baseadas no regime da reciprocidade de condenáveis e escandalosas concessões, porém com a consciência do nobre cumprimento dos seus deveres cívicos, os quais poderão, só por si, realizar a redenção de todos os erros do passado, suprindo todas as necessidades da nação, solucionando todas as crises econômicas.

Nós, espíritos, não vimos pedir que se proclame esse ou aquele princípio político para as administrações, essa ou aquela doutrina partidária. **Deem luz ao Brasil!** Deem luz a toda a nacionalidade!

Nilo[1]

Reformador | 16 de agosto de 1934

[1] Nilo Procópio Peçanha foi um político brasileiro, nascido em Campos dos Goycatazes, Estado do Rio de Janeiro, em 2 de outubro de 1867. Assumiu a Presidência da República após a morte de Afonso Pena, em 14 de junho de 1909, governando o país até 15 de novembro de 1910. Foi o primeiro presidente mulato do Brasil. Faleceu em 31 de março de 1924, na capital do Rio de Janeiro. Da data de sua desencarnação à data da psicografia passaram-se 10 anos.

Chico Xavier com Manuel Quintão (à sua direita).

1935

NAS PALAVRAS DE JESUS, TUDO SE CONTÉM

Caros amigos, é meu maior anelo que a paz do divino Mestre inunde os vossos corações de amor a todas as coisas que vos rodeiam.

Louvo a intenção com que procurais elementos que comprovem a nossa identidade de comunicantes do Além. A mim, porém, dispensai-me dessa tarefa. Não é que eu desconheça os benefícios que dessa medida advém para quantos aí se colocam na posição de observadores e analistas à cata de razões que os esclareçam no caminho da verdade. Todavia, desejo ser como o humílimo operário, obscuro e anônimo, de todas as grandes obras do vosso planeta. Há motivos imperiosos para que eu proceda assim, visando a conservação da relativa paz de que desfruto na minha vida espiritual.

Todas as vossas cidades, todos os monumentos que motivam o orgulho dos povos foram erigidos pelas mãos singelas e rudes de artífices desconhecidos. A história universal está cheia de tiranos, de déspotas dominadores das almas, de perseguidores das coletividades e raras são as individualidades que nela se apresentam coroadas pela auréola de uma bondade e de uma justiça modelares. Esses poucos espíritos, que organizaram o conjunto das vossas leis morais, elaborando códigos acordes com o grau de aperfeiçoamento de cada época, são os servidores maiores do único Mestre – Jesus – que, pela sua infinita misericórdia, nos legou o seu Evangelho, transunto de todas as leis que impelem o homem ao cumprimento dos seus deveres sociais e divinos.

Nas suas palavras, tudo se contém. Todas as ciências e todas as ideias religiosas, todos os pensamentos de beleza moral e de arte perfeita estão nelas estereotipadas!... Basta, para que tudo isso se vos desvende, que as saibais interpretar, descerrando os véus que cobrem tantas sínteses luminosas e verdadeiramente sublimes.

Deixai, pois, que eu seja o proletário anônimo de Jesus. A minha grande aspiração seria mostrar a todos os que acaso me ouçam que das lições excelsas do Evangelho nascem todas as concepções elevadas da evolução e do progresso humano. Hei de fazê-lo dentro das minhas possibilidades fraquíssimas, demonstrando aos meus semelhantes que fora das características evangélicas todas as ideias estão fora da lei.

Sabei, pois, interpretar o grande "tratado da perfeição". Estais no recanto da Terra escolhido para a nobilíssima tarefa da sua propagação pelo exemplo e pela palavra.

Terra de Santa Cruz, sob as tuas estrelas resplandecentes ouve-se o hino melodioso dos trabalhadores dedicados que, em hostes poderosas, investem as trevas que tentam obscurecer o mundo. Na tua atmosfera, sente-se o perfume das exortações divinas e sobre as tuas coletividades ressoam as lições da paz e da esperança! Desdobra as tuas atividades sadias, vibra em uníssono com todos os batalhadores que te procuram e abriga em teu regaço generoso os infortunados e os infelizes! Sê-lhes a mãe compassiva e carinhosa; nutre-lhes as almas famintas e desditosas com o pão celeste do Evangelho que tens nas mãos. Ouve o brado de alerta que reboa em todos os seus recantos: "Com o Evangelho e pelo Evangelho!" Fora daí, tudo é vaidade que arruína e avilta.

A luminosa figura de Ismael te abraça toda inteira, empunhando, desfraldado e tremulante, o estandarte bendito: Deus, Cristo e caridade!

Emmanuel

Reformador | 1 de fevereiro de 1935

UMA CARTA DE CHICO

Pedro Leopoldo, 30.3.1925.[1]

Bondoso amigo Sr. M. Quintão,

Saudações, com os meus votos de paz.

Não sei se o amigo recebeu **a minha última carta**, mas mesmo sem saber se o estou aborrecendo, envio-lhe outra, acompanhada de duas produções mediúnicas recebidas por mim nesta semana. Peço-lhe sua opinião muito franca sobre elas, desejando que me escreva em breves dias. Há mais de um mês tive um sonho engraçado. Sonhei que uma pessoa me apresentou Humberto de Campos, num lugar de céu muito azul e brilhante, e no chão havia uma espécie de vegetações que não me deixava ver a Terra. Não vi casa alguma. O que me impressionou mais é que as pessoas que eu via estavam sob uma árvore muito grande e tão branca, que quando o sol batia nas suas frondes de folhas muito del-

[1] A edição original tem grafado o ano de 1925, contudo o ano correto deve ser 1935.

gadas parecia uma grande árvore de cristal. Ele veio, então, ao meu lado e me estendeu a mão com bondade, dizendo: "Você é o menino do 'Parnaso'?" Disse-me mais coisas das quais não posso me recordar. Que diz o amigo de tudo isso? Seria a minha imaginação? Não sei. Em todo caso, mando estas páginas para o senhor ler. Estão certas as citações? Sem mais, esperando carta sua, espera as suas desculpas o amigo e menor criado às ordens,

Francisco Cândido Xavier

Reformador | 1 de abril de 1935

O BRASIL É A TERRA DO EVANGELHO

Não somente aos indivíduos se encontram designadas atribuições distintas no imenso cenário da vida. Também, cada povo, cada país tem a sua missão a desempenhar, uma atividade específica a desenvolver em determinados planos evolutivos.

Eliminadas todas as questões da geografia política, é natural que o mundo, em suas expressões físicas, nada mais represente do que o patrimônio comum da humanidade, herdeira presuntiva dos gloriosos destinos que o Criador lhe fixou na eternidade luminosa.

Mas na luta de todos os dias podeis observar a ação de cada uma das nacionalidades, trazendo ao edifício do progresso universal a sua colaboração particular e especializada.

Muitas vezes, tentando elucidar o vosso entendimento, temos asseverado que **o Brasil é a terra do Evangelho**. De fato, em nenhum outro país se trabalha com mais fervor pela renascença do Cristianismo, na pureza das suas origens, como nas plagas brasileiras. Pelo seu caráter nitidamente pacifista, foram os filhos da antiga Santa Cruz os escolhidos para a mais grandiosa das tarefas: a de conduzir, por entre os povos esgotados pelas lutas tigrinas, oriundas de ódios raciais, o estandarte bendito da crença pura, único fator do reerguimento moral das coletividades, prejudicadas no mais íntimo das suas organizações, pelos abusos a que se entregaram muitos daqueles que vieram ao mundo incumbidos de lhe proporcionar uma parcela de evolução espiritual.

Nos países da Europa, os fenômenos mediúnicos, na sua generalidade, se circunscrevem aos laboratórios dos céticos, aos ambientes impenetráveis dessa ciência que descansa sobre os louros conquistados, saturada de presunção e de pseudoinfalibilidade, ao passo que, no Brasil, a Doutrina consoladora se espalha pelas camadas populares, lenindo o coração infortunado dos humildes, esclarecendo os ignorantes, confortando os aflitos, como prometeu Jesus no seu suave ensinamento, beneficiando-se, todos os que sofrem, no manancial da sua caridade inesgotável. O Espiritismo, no Brasil, com a sua feição religiosa e, por isso, redentora, acode, em toda a parte, a uma ânsia de paz e regeneração. Essa diversidade é eminentemente significativa e basta para vos dar a entrever a gloriosa missão coletiva do Brasil como pátria do Evangelho.

O mundo vive atualmente a sua hora de fogo. Incompreendidos entre si, os homens se atiram uns contra os outros, esquecidos de que ainda não se encontraram a si mesmos no torvelinho das paixões, de sorte que a sociedade humana reflete, quase que literalmente, o amargo asserto de um dos maiores pensadores da época atual, quando disse que "toda a equipagem humana está dementada: põem de vigia um cego e ao leme um maneta".

Mas não! Ao leme está o amor de Jesus, pairando acima de todas as discórdias dos povos, acima de todas as questões que infelicitam o mundo, onde a existência é um lampejo fugaz. Para cooperar na obra imensa da regeneração das criaturas, para colaborar eficazmente na elaboração da paz universal, facultando nova concepção da fraternidade no ideal cristão, é que o Espírito da Verdade vela carinhosamente pelo lábaro de amor desfraldado no país do Cruzeiro.

Ao Brasil de amanhã espera um dia lindo e indescritível. Como a Canaã prometida, é para as suas infinitas possibilidades econômicas, para o seu seio, onde todas as raças confraternizam, caldeando sentimentos e dando origem ao ouro puro da fraternidade, que as outras nações volverão os olhos amortecidos, esgotadas pelo furioso excesso das lutas mais cruentas.

Espíritas! Uni-vos cristãmente atentos à sublimidade do vosso mandato! Não é sem razão que os desencarnados reconhecem no Brasil a terra do reflorescimento do Evangelho! Sob a bênção das suas estrelas, ouvem-se hinos de redenção e de paz, entoados por aqueles cujos pensamentos luminosos interpretam a vontade e a misericórdia do Cordeiro!

Entidades boníssimas preparam, com carinhosa solicitude, o seu grandioso porvir. Que todos vós saibais corresponder à confiança daquele que derrama sobre o mundo as luzes de suas graças, trabalhando todos, mediante o testemunho da fé, para que desabrochem nos corações as flores da crença e da paz, elementos basilares da anelada concórdia humana!

Bittencourt Sampaio

Reformador | 1 de setembro de 1935

O MESMO BRADO DE IMORTALIDADE E DE FÉ

Bem doloroso é o espetáculo da época que vindes atravessando, a qual apresenta a mais profunda característica de uma transição no terreno político-social. Afigura-se-nos que no mundo terreno periclitam, abalados em seus alicerces, todos os institutos do progresso, apesar dos grandes surtos evolutivos da ciência e da civilização nestes últimos tempos. Aliás, o vosso século, desde o seu início, se assinala por lutas de toda espécie, como se a humanidade, no limiar de uma era nova, se houvera perturbado diante da nova senda de sua evolução. Desse estado singular da consciência coletiva nascem as lutas medonhas a que assistis, como índices de renovações necessárias e benfazejas.

A confusão parece completa. As administrações não se entendem e a paz é um mito fugitivo, não obstante as organizações políticas mantenedoras da sua intangibilidade. Quer isso dizer que os institutos pró-paz faliram nos seus programas como vindes observando continuamente. É que não pode haver paz por imposição. A paz tem que ser um reflexo de sentimentos generalizados por efeito do esclarecimento das consciências. Ora, a paz que pretendem implantar é a que resulta dos regimes de força, aparentes e fictícios, como todas as coisas transitórias do mundo. No planeta terrestre, todos os distúrbios são fruto da crise espiritual que avassala os corações. Jamais, como agora, os homens necessitaram tanto da verdade. Não será, pois, ocioso repetirmos que, atualmente, há mais necessidade de luz espiritual do que de pão e é por isso que os desencarnados cooperam ativamente convosco na extinção da irreligiosidade universal, causadora das grandes perturbações da consciência humana. Ela crucifica os corações, incentiva os abusos de toda espécie, dando causa ao malogro de todas as iniciativas edificantes, empobrecendo a economia e devorando a vida dos povos.

Faz-se mister uma compreensão mais profunda e mais clara da obra cristã, deturpada em seus sagrados princípios pelos exploradores, que vêm traficando com o objeto divino das religiões, atreitos exclusivamente aos interesses materiais, num funesto esquecimento dos grandes bens da vida.

Colaboremos com Jesus, que se conserva sempre na direção dos destinos humanos, não obstante afigurar-se, às vezes, o contrário.

Nos tempos hodiernos, a palavra dos "mortos" se faz ouvir concitando os homens ao cumprimento dos seus nobres deveres. Por enquanto, essas vozes estão isoladas. Mas não passará muito tempo em que todos nós soltaremos unidos **o mesmo brado de imortalidade e de fé**, consagradas todas as energias ora dispersas para a edificação do monumento da luz e da verdade no futuro.

Quanto a essas guerras que tanto vos comovem com os seus quadros vivos de desolação, de crueldade e de dor, considerai que há uma sabedoria inescrutável dirigindo o nosso destino, apesar da parcela de liberdade que nos é concedida para desenvolvimento das nossas faculdades de iniciativa.

Ai dos algozes dos povos! Para eles, o futuro será noite

mais erma e mais tenebrosa! Na Terra e no espaço universal há um processo de justiça inacessível ainda ao entendimento dos vossos juristas.

Ponderando, pois, todas essas verdades, auxiliai-nos com o vosso esforço, porquanto é da ação conjugada de todos os elementos a prol do bem que poderá nascer o novo dia, radiante e feliz, da humanidade!

Emmanuel

Reformador | 1 de dezembro de 1935

DOS CORPOS FÍSICO E ESPIRITUAL

Somente o corpo espiritual, ou perispírito, pode explicar os fenômenos orgânicos que constituem grandes enigmas para a vossa ciência. As teorias que os fisiologistas têm estabelecido não vos elucidam quanto às questões embriogênicas, quanto à reconstituição molecular e quanto a inúmeros outros problemas que atestam a ação de uma força inteligente a dirigir e orientar os elementos protoplásmicos.

Segundo um dos mais eminentes fisiologistas do vosso mundo, o ser vivente provém de uma célula primitivamente análoga: o óvulo inicial, que constitui a base de elementos celulares em proliferação. Todos esses fenômenos, porém, se acham subordinados ao corpo espiritual, que preexiste ao nascimento e que coordena os princípios materiais, servindo-lhes de molde. É ele que regula as funções do organismo, mantendo a ordem nos seus mais profundos escaninhos, fazendo com que os órgãos, autônomos em suas funções especializadas, se conservem solidários para a regularização inteligente dos mais mínimos fenômenos da existência material.[1]

Emmanuel

Reformador | 16 de dezembro de 1935

[1] Resposta de Emmanuel a várias questões propostas sobre pontos relevantes da Doutrina Espírita, em especial ao que se refere aos corpos físico e espiritual, durante sessão do Centro Espírita Luiz Gonzaga, em Pedro Leopldo, Minas Gerais, por aqueles dias.

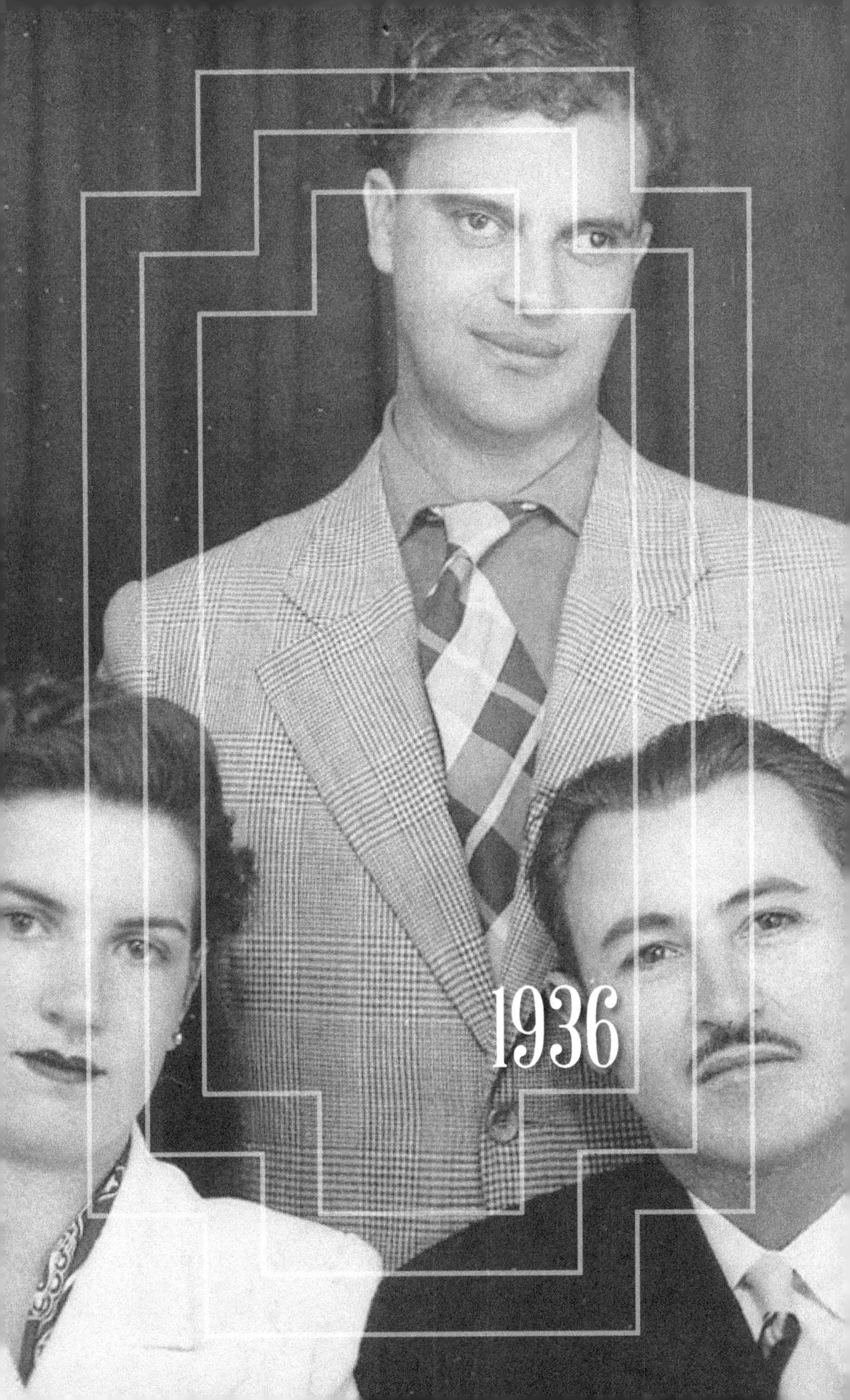

1936

Chico Xavier com um casal amigo de Belo Horizonte.

EVANGELHO À LUZ DO ESPIRITISMO

A mensagem do **Evangelho, interpretado à luz do Espiritismo**, vem, na época esperada, esclarecer a mentalidade humana no tocante aos grandes problemas da sua personalidade imortal a caminho dos mais gloriosos destinos.

O desmantelo a que chegaram as instituições incumbidas, no planeta, de zelar pelos patrimônios da moral, a decadência quase reconhecida dos processos políticos para diminuir os graves enigmas que preocupam, no momento, a existência dos povos, fazem supor que a intervenção divina está divorciada de todas as questões que espantam as coletividades humanas dentro do seu complicado mecanismo e em face da sua transcendência.

Podemos, porém, afiançar-vos de que, sem individualismos, a Providência Divina vela pelo planeta, que jamais se encontra à revelia da Sua misericórdia. O que ocorre, nesse quadro desolador do desdobramento das atividades do homem atual, dentro do vosso século de notáveis avanços científicos, é o resultado do antagonismo, da incompreensão, da inércia e do descaso humanos diante dos magnos problemas de ordem moral que as religiões não conseguiram resolver, desde o momento em que deslocaram os seus objetivos para o centro dos interesses materiais. O livre-arbítrio do homem, e da coletividade, é o que opera em vossa época, porquanto, os lamentáveis acontecimentos que caracterizam a atualidade não representam a concretização da vontade do Criador, pois a destruição jamais poderia constituir parte integrante das leis providenciais que regem o Universo. Há a necessidade de um entendimento mais profundo por parte do homem com respeito às diretrizes espirituais da vida, porque todas as crises econômicas e sociais são derivados lógicos e imediatos da crise moral que vem subjugando o vosso mundo.

Nesta hora, todas as nações que detêm consigo o cetro do progresso e da cultura estão assombradas diante dos perigos iminentes. A visão da guerra as impressiona e subjuga. O fantasma do passado está sempre aí, rememorando as épocas tigrinas. A invasão, a chacina, as lutas fratricidas condenadas por todas as vozes que se dirigiram ao orbe em nome da Potência Suprema do Universo aí revivem em moldes de perversidades cada vez mais requintadas, e o coração da humanidade sofredora se dilacera no círculo dessas vibrações antagônicas e destruidoras. As guerras de antanho, feitas pela ambição das conquistas, são hoje metamorfoseadas em movimentos de expansionismos injustificáveis e em vez de criarem os povos leis benfazejas, que regulem os fenômenos sociais, abalançam-se a temerosas aventuras, contrariando as disposições de todos os estatutos outorgados ao planeta pelas experiências da civilização. Cabe-nos, pois, trabalhar, para que as lições evangélicas, ao clarão das verdades espiritualistas, se espalhem no mundo, iluminando os corações e integrando as almas em conhecimento dos seus sagrados deveres em face da vida.

Os programas políticos são hoje quase todos falhos de soluções objetivas, capazes de beneficiar as coletividades. E para que um surto de loucura coletiva não subjugue o mundo como alucinação generalizada, destruindo todas as disposições da ordem social, voltemos os olhos e as atividades para o fraternismo, que terá de florescer, soberba base do Evangelho de Jesus. As classes nunca serão eliminadas, porque nem a própria morte extingue as hierarquias, mas faz-se mister conciliar os interesses de todos, conjugando-os para o bem-estar social e elevando as aspirações de todos para o ideal supremo dos planos superiores. Assim, portanto, lutemos esforçadamente e não duvidemos de que a bondade de Jesus, Senhor e Mestre, estará ao vosso lado, norteando a vossa tarefa e os vossos grandiosos anelos.

Bittencourt Sampaio

Reformador | 1 de fevereiro de 1936

SOBRE O LIVRO DE FINDLAY

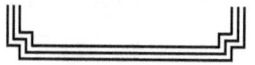

Meu amigo, seja a minha palestra desta noite a opinião despretensiosa do irmão mais velho sobre a obra de Arthur Findlay.[1]

De fato, grande valor elucidativo nos apresenta o seu conteúdo meditado no cadinho das análises minuciosas.

O grande objeto de todos os centros espiritualistas na atualidade deveria ser o de movimentarem-se, dentro da atividade e do estudo, colocando a feição moral da Doutrina em colaboração com a análise científica das expressões fenomenológicas que os fatos psíquicos oferecem no seu desdobramento incessante. É certo que semelhantes fenômenos nos conduzem indubitavelmente às ilações morais e religiosas, básicas e imprescindíveis. Todavia, a contribuição científica se reveste de grande eficiência como fator de alicerce inamovível das consoladoras certezas espiritualistas.

---

[1] A obra *On The Edge Of The Etheric: Being An Investigation Of Psychic Phenomena,* de Arthur Findlay, de 1931, foi posteriormente publicada pela Federeção Espírita Brasileira em português com o título *No limiar do etéreo.* A referida mensagem foi dirigida ao Dr. Rômulo Joviano, chefe de Chico Xavier na Fazenda Modelo, na noite de 8 de abril de 1936, com suas considerações sobre a obra.

O livro de Findlay tem essa vantagem: a de conduzir o estudioso aos limites mais profundos da questão, dentro de raciocínios bem formados e de lógica irretorquível. Espírito incansável de investigador, esse cientista procura apresentar demonstrações do nosso modo de vida, com as características novas do nosso meio. Contudo, temos a considerar que tantas são as modalidades sob as quais se nos apresenta a vida espiritual, e tantas as dificuldades de nos expressarmos fielmente dentro de nossas realidades de aquém-túmulo, em virtude da ausência de leis analógicas para que estabeleçamos um devido termo de comparações, que se torna altamente difícil descrever em seu todo as verdades de ordem material do ambiente onde nos movemos, fora das vossas impressões sensoriais. De fato, o mundo que denominais plano errático, onde nos conservamos logo depois de nossa desencarnação, e onde guardamos o corpo de nossas impressões físicas mais íntimas, não está longe do vosso meio comum.

Bem sabeis que o ar que respirais ainda é um elemento bastante grosseiro, em face do éter, elemento primordial da energia, onde repousam, com toda a grandiosidade das leis que lhes presidem aos destinos, todos os seres e todos os mundos. Portanto, além das vossas formas de matéria, de movimento e de energia, outras existem, mesmo no ambiente da vossa vida comum, mais delicadas e mais rarefeitas, como expressões transitórias entre dois planos. Semelhantes atividades são, por enquanto, inapreensíveis aos vossos sentidos restritos, sobremaneira limitados. Mesmo à perquirição científica, esses movimentos da natureza invisível estarão sempre ocultos, porquanto temos a considerar, a par dos instrumentos imperfeitos de que dispõe a vossa ciência, a estrutura do olho humano, apto a surpreender apenas a quantidade exata de fenômenos vitais necessária à evolução pessoal dos indivíduos.

Leis sábias e equitativas imperam sobre essa ordem de coisas e, daí, a existência dessa porta, até agora inviolável e inacessível ao vosso conhecimento, onde as religiões colocam a figura extravagante do dogma e em cujo local a ciência materialista colocou o denominado "incognoscível". Todavia, o futuro muito revelará ainda ao homem, desde que ele se disponha ao trabalho de aquisição do preciso progresso moral, quintessenciando a matéria e apurando o mundo de suas sensações. A ciência, então, caminhará no roteiro da descoberta de novas forças ocultas, novas, aliás, em virtude de sua ignorância com respeito à existência delas, chegando-se, assim, a um acordo entre as forças subjetivas e objetivas, dentro de cuja esfera se desdobra o panorama das vossas existências, compreendendo-se, igualmente, a grande lei unitária que rege todas as coisas do Universo, que aos vossos olhos espirituais se apresentará na sua grandeza como infinito repositório de forças fisiopsíquicas, extinguindo-se a velha luta do dualismo versus monismo e reconhecendo-se as forças inteligentes da unidade em todos os planos da natureza.

Quanto à parte fenomênica e experimental de que essa obra é portadora, poderá o amigo, mais tarde, fornecer-me o seu questionário para organizarmos um plano útil aos estudiosos do assunto.

Sobre a possibilidade de realizarmos fatos idênticos aos que foram observados pelo autor, tornar-se-á mister descobrirmos em nosso ambiente novas forças mediúnicas, que nos prestassem o devido coeficiente de possibilidade de realização.

Entre os "sujets", poderemos considerar duas grandes classes: os eminentemente passivos e os altamente ativos, no plano da sua inconsciência no transe. Os primeiros concentram em si o "quantum" de forças emissoras que podemos congregar, dentro de nossas atividades, para a efetivação dos fenômenos mais íntimos que a metafísica classifica de intelectuais. Os segundos tomam essas forças e as irradiam do seu ponto de concentração, operando os chamados fenômenos físicos, onde se incluem a levitação, os movimentos de contato, a ectoplasmia nas materializações, a pneumatografia, as vozes diretas, etc. O nosso médium está incluído na classe dos primeiros,[2] daí a necessidade de recrutarmos elementos novos, aptos a nos fornecerem as possibilidades requeridas para a realização desses fenômenos mais diretos em nossas reuniões.

Que Deus auxilie os meus amigos nos bons propósitos de que se acham possuídos. Mais tarde, voltarei a escalpelar de novo o assunto.

Emmanuel

Reformador | 1 de maio de 1936

[2] Em referindo-se a Chico Xavier.

A FÉ

Na Terra tudo é instável, tudo é mesquinho. E se há nesse mundo algo que perdure através das idades, que não desmorone como os monumentos levantados pela vaidade humana, que se não aniquile ao sopro da volubilidade dos homens, que se não afogue nos sorvedouros das misérias terrestres, é, por certo, o clarão imorredouro d**a fé**. Sem a fé, todos os caminhos são escuros; à sua luz, tudo se aclara, ou desobscurece.

Busque-se aí o que o mundo considere o seu mais precioso tesouro, o que constitua os fatos de uma civilização em seus apogeus, a máxima expressão materializada do pensamento dos homens, monumentos de arte que espelhem a evolução de um povo, e, comparando-os à fé que devassou os mistérios sombrios das florestas, afrontando emboscadas e perigos, resplandecendo sobre as eras que se escoaram, acima das dores que acometem a humanidade, fora da instabilidade das realizações mundanas, ver-se-á que as cidades se esboroam com o tempo e a arte envelhece com os decênios, e as civilizações desaparecem no abismo dos séculos.

A fé persiste, constantemente nova, rejuvenescida a cada hora que passa, transpondo as barreiras dos anos, imortalizada, porque é emanação divina que o espírito assimila e absorve. Não desabrocha no mundo, é dádiva de Deus aos que a buscam. Simboliza a união da alma com o que é divino, a aliança do coração com a divindade do Senhor!

Há quem assevere que a fé mais pura engendra o fanatismo mais subserviente. Falacíssima é a argumentação de quem assim pondera, porque a fé não cega a razão; antes, aclara-a para a compreensão do amor a Deus. Utilizam-se, capciosamente, desses ensinamentos falsificados os propagadores do ateísmo, iconoclastas do altar esplendoroso do coração, onde se entroniza a essência divinizada da fé. Mas acontece que se julgam tanta grandiosidade pelo prisma amesquinhado da sua incurável miopia, como um objeto nulo e prejudicial, não saberão enxergar que enquanto a religião, ou a fé, cria um fanático, a irreligião esteriliza milhares de corações, insinuando os assassínios, os suicídios e todas as pragas que assolam a humanidade. Enquanto a religião faz surgir alvoradas em trevas densas, sustentando as energias para as lutas espirituais, apontando o céu como recompensa às agruras da Terra, alimentando as fibras da alma para os martírios, demonstrando a misericórdia imensa do Todo-Poderoso, a descrença quase sempre cobra despotismos. Onde o segredo do sacrifício sublime do Crucificado? Na fé que o abrasava!

Remontando a todos os tempos, veremos a fé como archote divino, clareando os trilhos desconhecidos aos primeiros passos da humanidade. Afigura-se-me que ao "Fiat lux" do Criador seguiu-se o seu esplendor celeste. Foi ela o canto da vitória, segredado do Alto aos mártires do Cristianismo, tornando-os conquistadores da láurea imortal da suprema glória, o conforto dos corpos, semelhantes a vergônteas dissecadas da árvore da vida, dos anacoretas isolados nos desertos, a salientarem aos povos da época a necessidade de abstinência dos gozos mundanos, com as suas austeras mortificações. Foi ela a inspiração dos monges ilustres, que na soledade e no silêncio das suas celas de dor interpretam as leis sagradas. Ela tem sido o hífen que une as almas dos justos ao Eterno, o fogo purificador dos espíritos, o amparo dos vacilantes nas orlas dos abismos, a força miraculosa que engendra a confiança dos homens no Artífice do Universo e em Seu poder.

Enquanto ri a irreligião despreocupada, a fé trabalha. Trabalhar é orar. A fé está entre o trabalho e a oração. Ao nascer, mal bruxuleia nas incognoscíveis profundezas do espírito, a fé se sente no dever de trabalhar, de integrar-se no ritmo maravilhoso de tudo o que opere para fecundação abençoada da luz no Universo. É a caridade imaterial, porque a caridade que se concretiza é sempre o raio mirífico projetado pela fé! São estas as duas virtudes gêmeas, os dois oceanos de luz a inundarem de alegria o coração da espiritualidade. Onde se aliam, e se fundem irmãmente, gravam em indeléveis caracteres o poema da perfeição! Edificaram o seu ninho na alma de escol do iluminado de Assis e a Úmbria tornou-se um clarão para a Cristandade. Encontram-se dentro da religiosidade de São Francisco Xavier, o pobre de Deus, que, humilhado e esquecido, vencendo possantes óbices com a sua coragem espartana, filha da sua fé de apóstolo, conquistou nas Índias, com o seu singelo crucifixo, centenas de almas para o seio bendito do Cristianismo.

Percorrendo-se o mundo de um a outro extremo, ver-se-ão as realizações ciclopes da fé em seus múltiplos aspectos, colimando uma única finalidade: a demonstração da sabedoria e do amor do Todo-Poderoso, resplendente na Terra, desde as mais remotas civilizações, nos antigos impérios e nas longínquas povoações dos primeiros homens!

Reverbero celeste dos eremitas da antiga Thebaida, nas lições da sagrada Bíblia, no divino entusiasmo dos evangelistas, nas mãos que ergueram mosteiros nos Alpes como pousos confortadores, acenando aos aflitos fustigados pela tempestade, na palavra esclarecida dos pescadores de almas que se embrenhavam, envolvidos no seu halo radioso e confiantes na Providência Divina, pelos sertões ínvios e inóspitos do Brasil e da África, conduzindo o ensinamento do Cristo às tribos selváticas.

A religião tem sido a luz do mundo. A irreligião é humana, mas a religião, origem de todas as ideias sãs que exortam o homem aos grandes deveres que o unem a Deus e ao próximo, tem causa na fé, na essência indefinível do amor do Eterno.

Os homens, não raras vezes, a malsinam, classificando-a de freio que os fere e subjuga. Desconhecem esse elo sacrossanto que os prende à Divindade e que lhes evita a queda nos tenebrosos orcos das suas impenitências. Habituaram-se a ver sempre as esquírolas apodrecidas da polpa de um fruto sem lhe perceberem as parte sadias. A malícia os compele perenemente a divisar o mal onde reside o bem mais puro.

É assim que olvidam o santuário dos seus corações para se apagarem a exterioridades malsãs, encobrindo a luz que lhes ofusca as vistas para verem somente as fasquias da treva, que se multiplicam com o número dos seus pecados para içarem as bandeiras do mal em todos os tempos. Este o enorme erro do mundo: o aniquilamento da fé em Deus. Combatê-la é propagar a morte, espalhá-la é oferecer a vida e a paz aos semelhantes, desdobrando alvoradas de luz na Terra.

É para esse desiderato que se agita o mundo dos espíritos, que, vexilários da causa da verdade, se movimentam, qual poderoso exército, entre os homens, esclarecendo-os, derramando as verdades celestiais sobre os seus companheiros de exílio, reconstruindo o magnífico edifício da fé e da religião, a cuja sombra bendita e dulcificante descansará um dia a humanidade sofredora, livre do sistema envenenado da irreligião e do materialismo destruidor.

Ferraz de Macedo

Reformador | 16 de maio de 1936

EVANGELHO

Há uma fonte sublime de água pura
Que aos sedentos do mundo desaltera:
Fonte de paz da eterna primavera,
Jorrando a luz de mística ventura.

Oh! Vós que andais vivendo a desventura
Nos caminhos da lágrima sincera,
Bebei da água de luz que regenera
Os filhos do pecado e da amargura!

Oh! Multidões de todos os aflitos,
Que derramais os prantos infinitos
Nos amargosos ais da vossa cruz,

Guardai no fundo d'alma sofredora
A lição luminosa e imorredoura
Da **palavra sublime de Jesus**!

Cruz e Souza

Reformador | 1 de junho de 1936

TEMPLO DA PAZ

Aqui é o templo augusto da esperança,
De cujo altar o espírito se crê
Em claridades doces, entrevê
O país da verdade e da bonança!

Oásis de repouso, onde descansa
Todo aquele que chora e tem fé,
Templo divino que Ismael provê
De luminosa bem-aventurança.

Enquanto o mundo clama em desconforto,
O crente encontra aqui seguro porto,
Cheio de amor e fé, de vida e luz!

Templo de paz da vida verdadeira,
Santuário da terra brasileira
De onde se espalha o ensino de Jesus!

João de Deus

Reformador | 16 de junho de 1936

INUTILIDADE

Quem sois vós, cavalheiros do insondável,
Que vindes perquirir na noite escura,
Tentando devassar o indevassável
Nos martírios cruéis da sepultura?

Ah! Se estamos atrás dessas muralhas
De silêncio e de cinza instransponível,
Estais vós envolvidos nas mortalhas
De incompreensão e treva indescritível!

Vossos trabalhos, lutas e agonias
Entre as ciências e as filosofias
São um esforço grandioso, almo e infecundo!

Só ouvireis com verdade a nossa história
Quando a morte na vida transitória
Vossos olhos fechar para este mundo.

José Duro

Reformador | 16 de junho de 1936[1]

[1] Posteriormente reproduzida em *Reformador* de maio de 1983, à p.10.

DISCIPLINA CRISTÃ

Meus amigos,

Glória a Deus nas alturas e paz na Terra aos homens de boa vontade. Meu coração se afoga subitamente no pranto, lembrando-me de que todos nós poderíamos nos encontrar no divino banquete. O mundo, porém, atraiu grande parte dos nossos antigos companheiros com as seduções de seus efêmeros prazeres. Entretanto, os baluartes do templo de Ismael permanecem inabaláveis, edificados na rocha das grandes e consoladoras verdades do Evangelho de Jesus.

Minha voz, amigos, é hoje mais familiar e mais íntima. Substituindo, no momento, aquele cuja tarefa vem sendo penosamente cumprida, está o nosso irmão Xavier para vos transmitir a minha palavra de companheiro e de amigo.[1] Não me dirijo à imprensa para vos falar ao coração, muitas vezes despedaçado, ao longo do caminho, pelas perfídias atrozes de todos aqueles que concentram as suas energias no ataque ao instituto do bem, à palavra do Evangelho e ao estatuto da verdade.

Mas, filhos, se o espaço que vos é vizinho está cheio de organizações poderosas do mal, objetivando a destruição da nossa obra comum, há uma esfera divina de onde partem os alvitres valiosos, a inspiração providencial para quantos aqui mourejam com o propósito de bem servirem à causa da luz e da verdade.

Não necessito alongar-me em considerações sobre a grande e sublime tarefa do Brasil, como orientador, no seio dos povos, da revivescência do Cristianismo, restabelecendo-lhe as verdades fecundas, nem preciso encarecer a magnitude da obra do Evangelho, problemas esses de elevado interesse espiritual para as vossas coletividades e cuja solução já procurei indicar, trazendo-vos, espontaneamente, a minha palavra humilde de miserável servo de Jesus. Agora, amigos, cabe-me solicitar a vossa atenção para a continuidade do nosso programa traçado há mais de cinquenta anos.

A Federação não pode prescindir da célula primordial do seu organismo, representada pelo santuário de Ismael, onde cada um afina a sua mente para a tarefa do sacrifício e da abnegação em prol da causa da verdade, nem pode desviar-se do seu roteiro, delineado dentro do Evangelho, com o

---

[1] Em referindo-se a Chico Xavier quando de sua visita ao Grupo Ismael na capital do Rio de Janeiro, na noite de 10 de junho de 1936. Segundo noticiado nessa edição de *Reformador*, em artigo assinado por Manuel Quintão, o médium mineiro chegou à cidade do Rio de Janeiro na noite de 6 de junho, domingo, ficando nessa localidade até o sábado seguinte, 13 de junho, quando retornou a Pedro Leopoldo. Incógnito, e em missão de trabalho pela Fazenda Modelo do Ministério da Agricultura, da qual era funcionário desde 1933, Chico Xavier teve por estendida a estadia inicial de 3 para 6 dias, resultando, assim, na visita a vários pontos turísticos da "Cidade Maravilhosa", a pessoas de seu conhecimento e às entidades maiores do Espiritismo da época, o Grupo Ismael e a Federação Espírita Brasileira. A comunicação de Bittencourt Sampaio e o soneto "Templo de Ismael", da p. 76, deste volume, foram reproduzidos posteriormente nas edições de *Reformador* de julho de 1967, de novembro de 2008 e na edição comemorativa ao centenário de nascimento de Chico Xavier, em abril de 2010, às p. 34-35.

objetivo da formação da mentalidade essencialmente cristã. Todas as questões científicas, no seio da Doutrina, repetimo-lo, tem caráter secundário, servindo apenas de acessórios na expansão das realidades espiritualistas. Na atualidade, mais do que tudo, necessita-se da formação dos espíritas, da **disciplina cristã**, da compreensão dos deveres individuais ante as excelências da Doutrina, a fim de que se possam atacar os grandes cometimentos. Firmai-vos na orientação que vindes observando, sem embargo das ideologias ocas que vos espreitam no caminho das experiências penosas. Somente dentro das características morais e religiosas pode o Espiritismo cooperar na evolução da humanidade.

As criaturas humanas se envenenaram com o excesso de investigações e de empreendimentos científicos, para os quais não prepararam seus corações e seus espíritos. Derivativo lógico dessa ânsia mal dirigida de conhecer a verdade é o estado atual de confucionismo, em que se debatem todos os setores das atividades terrenas, no campo social e político. Não que condenemos a curiosidade, porquanto ela representa os pródromos de todos os conhecimentos, mas é que acima de tudo se faz necessário o método e a legitimidade da compreensão individual e coletiva.

Preparai-vos, portanto, preparando simultaneamente os vossos irmãos em humanidade dentro do ensinamento cristão, e amanhã compreendereis, se não puderdes entender ainda hoje, a sublimidade da nossa tarefa comum e a grandeza dos seus objetivos.

Que Maria derrame sobre os vossos espíritos a sua bênção e que o divino Mestre agasalhe sob o manto acolhedor da sua misericórdia todas as esperanças e anseios dos vossos corações.

F. L. Bittencourt Sampaio

Reformador | 1 de julho de 1936

TEMPLO DE ISMAEL

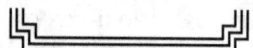

Neste **templo de amor** profundo e puro,
Que as desgraças e as dores alivia,
Ouvem-se vozes da sabedoria,
Clarificando estradas do futuro.

Porto luminosíssimo e refúgio
Onde se encontra a doce eucaristia
Do Evangelho da paz e da alegria,
Luz entre as sombras do caminho escuro,

Nestas portas que acolhem desgraçados,
Infelizes, sedentos e esfomeados
Ouve-se a voz do amor, profunda e imensa.

É Ismael consolando os sofredores,
Vendo seu templo esplêndido de flores
Cheias da luz suavíssima da crença.

Cruz e Souza

Reformador | 1 de julho de 1936[1]

AO CRENTE

A quem, senão a ele, o Cristo amado,
Deves tu dedicar os teus momentos,
Se ele encheu os teus pobres pensamentos
De clarões que te fazem deslumbrado?

E na dor e nos próprios sofrimentos
Lembra sempre o seu vulto imaculado,
Que te faz fervoroso e encorajado
A ascender teu calvário de tormentos!

Só a piedade do Cristo, terna e imensa,
Pode, na estrada lúcida da crença,
Amparar-te nas provas dolorosas!

E bendize essa dor, pois que os prazeres
São dissimulações dos padeceres
Sobre a Terra de sendas tenebrosas!

Auta de Souza

Reformador | 1 de julho de 1936

DESENCANTO

Também, Senhor, um dia, de alma ansiosa,
Num sonho todo amor, carícia e graça,
Quis encontrar a imagem cor de rosa
Da ventura que canta, sonha e passa.

E perquiri a estrada erma e escabrosa,
Perenemente sob a rude ameaça
Da amargura sem termos, angustiosa,
Entre os frios do pranto e da desgraça.

Até que um dia a dor, violentamente,
Fez nascer no meu cérebro demente
Os anelos da morte, cinza e nada.

E no inferno simbólico de Dante,
Vim reencontrar a lágrima triunfante,
Palpitando em minh'alma estraçalhada!

Hermes Fontes

Reformador | 1 de julho de 1936

PÉROLA DE DEUS

Meu amigo e meu irmão, que Deus, na Sua infinita misericórdia, acalente o teu coração generoso no Seu amor infinito.

Sei, filho, da profunda tristeza e do amargo abatimento moral que te vem pungindo nas estradas ásperas da existência material.

Mas eis aqui, meu irmão, a tua filhinha! Não a veem os teus olhos? Ah, não! Porém, os olhos da alma, a visão psíquica percebem-lhe a presença. Tua filhinha é feliz, profundamente venturosa, e eu a trouxe aqui comigo, como irmãzinha bem-amada! Não te lembras da sua privilegiada inteligência, dos seus sentimentos elevados, que em tão tenros anos manifestavam a sua evolução espiritual?

A tua filhinha, meu amigo, era de Deus primeiramente! Os pais da Terra são zeladores, sem ser criadores. **Deus te confiou uma pérola**, que ao fim de certo tempo teria de ser devolvida ao Seu cofre! Mas Deus é bondade e misericórdia! Vence os teus instantes de emotividade amargosa e prossegue na luta trabalhando e confiando! A nossa irmãzinha te abraça e pede a tua bênção, enviando também um beijo para a sua mãezinha Madalena.

Antes, porém, de regressarmos, quero ajudá-la a escrever umas linhas. Ora, meu irmão, estuda e, sobretudo, confia! Guarda a tua esperança em Deus, que é pai amoroso de todos nós! [1]

Emmanuel

Reformador | 16 de agosto de 1936

[1] A mensagem de Emmanuel foi psicografada por Chico Xavier em Pedro Leopoldo, provavelmente no Centro Espírita Luiz Gonzaga ou durante o culto do Evangelho do *Grupo Doméstico Arthur Joviano*, realizado todas as quartas-feiras na residência da família Joviano na Fazenda Modelo, de 1934 a 1952, pelo que podemos depreender do artigo de *Reformador* de 16 de agosto de 1936, no qual o articulista cita os nomes dos integrantes do referido grupo. Rômulo Joviano, Maria Amorim Joviano, Júlia Pêgo de Amorim, Fausto Joviano, além de Edison Cavalcante Maia, Tte. José Rodrigues Lelles e Paulo de Deus Moretzon Monteiro de Barros, pai da menina de quem Emmanuel trata na mensagem, são os nomes apostos na correspondência enviada para publicação, autenticando a veracidade das psicografias. Nessa carta, o Sr. Dr. Paulo de Deus comenta a fidedignidade das informações que os espíritos de Emmanuel e da filha Eleonora fornecem em suas comunicações, ressaltando o desconhecimento do médium Xavier do ocorrido com a sua filha, e com a sua família, desde a desencarnação da jovem menina.

ELEONORA VIVE

Papai, meu querido papai,

Abençoa **a tua querida Eleonora que não morreu**, meu papaizinho!

Por que havias de chorar tanto? Por que a mamãe duvida tanto, papai, se eu estou velando ainda e aprendendo para ser a filhinha obediente e carinhosa?

Sinto-me fraca ainda, mas aqui está a meu lado quem guia a minha mão para escrever! Lembro-me de tudo, papai! A praia, o nosso quarto, os meus brinquedos!...

No mês passado, eu estive com aquela moça de nome Irene no Asilo de D. Aura Celeste. Vi a aflição da mamãe e vi a sua tristeza, mas não pude consolar vocês. Chorei muito, papai, e ainda choro quando os vejo tristes e abatidos. Aqui, no lugar onde estou, tenho deixado de ser criança e penso tudo direito. Eu quero ver a mamãe com mais fé e o papai mais animado. Preciso ainda estudar e aprender muito!

Adeus, meu pai! Fica com Deus e com um beijo da tua

Eleonora

Reformador | 16 de agosto de 1936

REGINA COELI

Oh! **Rainha dos Céus**, pura e piedosa,
Senhora dos martírios e das penas,
Que viveis nos empíreos de ouro e rosa,
Sobre um trono de lírios e açucenas.

Sobe até vós, das lágrimas terrenas,
À procura de vossa luz radiosa,
A oração dos escravos das geenas
Que se apuram na carne dolorosa!

Oh! Rainha da dor e da amargura,
Mãe de Jesus, boníssima Senhora,
Coroada de mística ventura,

Desdobrai sobre o mundo de amargores
Vosso manto de estrelas e de aurora,
Agasalhando os pobres sofredores.

A. de Guimarães

Reformador | 16 de agosto de 1936

SÚPLICA FRATERNAL

Meu prezado irmão, que me ouça o Altíssimo, a cujo coração augusto e resplandecente, em o qual se contém todas as excelsitudes do Cosmos, envio, por ti, a minha **súplica fraternal**.

Para cá das fronteiras da Terra, os espíritos, despojados das impressões carnais como que se despersonalizam, identificados nas essências sublimes do amor fraterno, laço sacrossanto que une todos os mundos e todas as almas. É por esse motivo que nos qualificamos de irmãos. De fato, todos o somos, sob as vistas amoráveis do magnânimo Pai celestial, já que nos ligam as mesmas aspirações ao Perfeito, palpitando em nossos corações a mesma partícula divina que nos faz vibrar as almas do mais forte de todos os anseios: o de união ao Criador.

Até a mim chegou o apelo do teu coração dolorido e, se eu pudesse, arrancaria de ti as penosas impressões psíquicas como se extirpa uma chaga.Todavia, Jesus é o médico de todas as almas e sabe qual o tratamento que lhes convém. Mas em razão de nosso livre alvedrio, somos senhores de nosso próprio destino.

Depois de Deus, ente supremo, absoluta majestade do Universo, nada há, para os espíritos, tão sagrado como o livre-arbítrio. Daí a necessidade da iniciativa de cada individualidade a bem da sua própria evolução. Afastar as possibilidades da autoeducação seria eliminar o progresso, seria despojar o ser de um dos seus divinos atributos, que é a liberdade. Da realidade desse asserto ressalta a ineficácia dos recursos da taumaturgia para a cura integral de uma alma enferma e abatida.

É à própria alma que compete, em meio das lutas ásperas e dos cruciantes amargores, nos quais está o preço de sua redenção, quando denodadamente suportados, concatenar as suas energias latentes e as suas forças desaproveitadas para estabelecer o controle da sua existência temporária, corrigindo defeitos, dominando inclinações nocivas, envidando esforços para que a sua vontade se fortaleça, seu sentimento se eleve, sua mente se clarifique, integrando-se ela, assim, na harmonia dos seres e das coisas. Uma doutrina religiosa ou um bom alvitre são elementos de cura, mas não são a própria cura. A primeira a auxilia, porque ensina, esclarece, ilumina, conforta, representando para o coração angustiado um manancial de energias, onde as criaturas encontram forças para sustar os fracassos quase irremediáveis, as desgraças coletivas e para evitar a propagação de males e ruínas, paralisando o surto de resoluções inconfessáveis.

Isoladamente, porém, o espírito, em qualquer plano da vida, tem de coordenar as suas possibilidades para o bem, para a luz, para o amor, em seu benefício, fazendo das aspirações nobres e do trabalho proveitoso o santuário onde a sua mentalidade penetre diariamente para se purificar. Só assim conseguirá armazenar em si os grandes cabedais de energia, de fé e beleza moral, que lhe farão viver em correspondência com os planos superiores do Universo, de onde lhe virão os primores intelectivos e sentimentais, como recompensa natural aos seus esforços.

Uma das mais proveitosas formas dos espíritos se entregarem a uma atividade fecunda a prol do seu aprimoramento está na reencarnação e eles a escolhem como o caminho mais fácil para a evolução necessária e a almejada ventura. Na plenitude da consciência, calculam as suas possibilidades e traçam um plano a que obedecerão rigorosamente e que constitui quase sempre um como mapa de trabalho e sofrimentos.

Tomam a carne. Lutam e padecem. Suas provações parecem obedecer a um implacável determinismo e, com efeito, obedecem, porquanto foi o próprio espírito quem traçou a senda que lhe compete percorrer, para vencer, dizemo-lo, sem paradoxo, o seu próprio destino, transformando os acúleos da estrada em flores de evolução espiritual. Os bons desejos, a moral elevada, a confiança nos poderes superiores do bem, as preces sinceras, se mantidas com perseverante vontade, lhe evitam os distúrbios psicológicos e as quedas, por pior que seja o caminho.

É por essas razões, estribadas na mais pura lógica, que não nos é possível modificar de vez o teu estado psíquico. Estendemos-te as nossas mãos fraternas, amparamos-te com nossos braços intangíveis, mas poderosos, e te indicamos a senda por onde chegarás à felicidade ou redenção: a Misericórdia Divina responderá aos teus apelos veementes.

Luta com abnegação e com heroísmo. Todos os homens nascem para triunfar da prova a que se submetem. Toda carne está eivada de taras perniciosas. Mas será lícito ao espírito entregar-se-lhe à influência, olvidando as noções da sua liberdade ativa? Não.

O atavismo é um dos grandes escolhos que devem ser vencidos pelas almas no trabalho da sua purificação. O espírito, em qualquer circunstância, é obrigado a preponderar sobre a matéria. Operando dessa maneira, o homem espiritualizará todas as suas células orgânicas, porque, se o objetivo da matéria é dar corpo e expressão às vibrações do espírito, a função da alma é apurá-la, santificá-la. Quando o homem compreender o alcance dessa realidade, as taras desaparecerão do planeta. Por enquanto, porém, os desígnios divinos se utilizam delas como de elementos úteis nas batalhas morais que a humanidade sustenta em favor do seu aperfeiçoamento. A causa de todas as moléstias reside na alma. Mas, infelizmente, as criaturas humanas, vivendo apenas entre efeitos, que são coisas transitórias e efêmeras da existência planetária, não vão às fontes de origem escrutar a causa das dores que as afligem.

Para a enfermidade da alma, somente os remédios espirituais são aplicáveis. Por isso é que te ofereço as minhas pobres palavras. Muito perde o homem com a sua impaciência. Em face da imortalidade, deveria ele encarar cada vida como um dia de trabalho. Que tu saibas aproveitar o teu dia, purificando-te nos ideais e nos atos generosos, santificando-te em sabedoria e amor. Aprende a viver em contato com todos quantos te rodeiam. A sociabilidade atenua os rigores da provação. A doçura e a afabilidade nos proporcionam novos elementos vitais. Insular-nos, em meio das fontes de vida que nos cercam, constitui grande mal. Deus nos criou para que nos amássemos intimamente uns aos outros.

És incompreendido, torturado, ridicularizado, às vezes? Sirva isso ao teu progresso moral. Adapta-te às formas de expressão dos que te não compreendem ainda e faze-lhes o bem que puderes.

Toda alma deve ser um foco atraente de virtudes. O maior mérito de um espírito reside nas boas ações que levou a efeito a prol dos outros. No sacrifício está o segredo da ventura espiritual e nos instantes amargos de ríspidas provas refugia-te no templo augusto das preces fervorosas e veementes. Do Alto dimanarão radiosidades indefiníveis para o teu espírito, que se sentirá reconfortado na jornada terrena. Considera o objetivo do "Conhece-te a ti mesmo" e a tua mente, longe de ser atingida por vibrações de amargura, constituirá um refúgio luminoso de sagradas energias espirituais, onde outras almas buscarão conforto, coragem, luz e amor.

Emmanuel

Reformador | 16 de setembro de 1936

PELOS ATOS E PELAS OBRAS

Dirigindo-se aos povos católicos, Pio XI falou, nestes últimos dias, da sua poderosa estação radiofônica.

A palavra do chefe supremo da Cristandade católica analisou a situação do mundo, detendo-se sobre os acontecimentos trágicos da Espanha e referindo-se veladamente às inovações que o Hitlerismo deseja imprimir às noções do Evangelho. Sua Santidade manifestou-se acerca dos martírios do clero espanhol, considerando que o Senhor julgou dignos de padecerem pela sua causa os elementos religiosos, vítimas das sanhas do extremismo demolidor, não obstante uma grande maioria de padres preferir ali, no momento, em vez da prece, a metralhadora e o fuzil.

Os elementos da Igreja se movimentam no sentido da restauração do seu império sobre a alma das massas. E com esse objetivo apela para os sentimentos de humildade e devoção à obra do Cristo.

Ainda há pouco, no derradeiro congresso eucarístico do Brasil, enquanto se queimavam somas consideráveis de dinheiro na apresentação de espetáculos luxuosos, um príncipe da Igreja romana afirmava que o Catolicismo sabe o caminho de martírio das catacumbas, frisando que a Igreja conhece que o seu reino não é deste mundo, mas que é o próprio mundo quem necessita do seu concurso e da sua cooperação.

Dentro de contradições desse jaez, a Igreja Católica não poderá manter a sua posição como centro de interesses espirituais. Se o seu reino não é deste mundo, qual a razão do seu condenável desejo de fundar um império na Terra? Por que organizar todo um Estado, cheio de armas, de moedas e de apetrechos que não se acham apropinquados ao idealismo cristão? Em virtude de que razão houve conciliábulos secretos entre monsenhores do Vaticano e a direção política da Itália na campanha abominável da guerra da Abissínia? Muitos estudiosos de assuntos econômicos se surpreenderam com a resistência italiana às sanções da Liga de Genebra. As revistas internacionais estão repletas de artigos elucidativos, explicando a coesão dos italianos em torno da vontade única do seu chefe.

Mas não foram apenas a agricultura intensiva ou as dádivas da pátria que permitiram essa resistência que assombrou os outros países. O Vaticano abriu as suas arcas, auxiliando o movimento anticristão. As forças políticas dominaram a sede da Igreja numa ação natural, porquanto ela não cuidou de organizar energias espirituais para vencer os assaltos do mundo. O Tratado de Latrão, pelo qual se combinaram o chefe de uma igreja que se diz mandatária direta das vontades do Altíssimo e Mussolini, ateu e materialista, foi o primeiro passo para que se estabelecesse tão grande domínio, que vem culminando nestes últimos tempos.

É inútil que o papa fale, comovido, ao mundo. A Igreja perdeu a luz espiritual que deveria tocar os corações que a ouvissem. Segundo se afirma há muito tempo, os padres atuais já não são mais os apóstolos humildes e simples. São criaturas cheias de expressão no mundo financeiro. Suas vidas rodopiam em torno de fulgurantes aquisições de ordem material. São apóstolos satisfeitos e felizes na terra da iniquidade. Mas também eles já não podem dizer ao aleijado "Levanta-te e anda!" e nem consolar os aflitos em nome do Senhor. A Igreja prossegue na sua série de contradições, por final dos últimos tempos de sua influenciação sobre os povos.

Antes de se dirigirem ao mundo com a sua demagogia religiosa, seria melhor que todos os prelados decidissem utilizar-se das palavras para, libertando-se das terríveis tutelas políticas claramente exercidas sobre a Igreja Católica, cooperarem, de fato, na obra profundamente espiritual e genuinamente cristã da regeneração do mundo **pelos atos e pelas obras**.

Emmanuel

Reformador | 16 de outubro de 1936

SONETO MEDIÚNICO

No surto louco dos iconoclastas,
Em fúria ignota, homífera, suprema,
Matei em mim as ilusões mais castas
Como se espreme o pus de um apostema.

Andei no mundo arremessando as hastas
De uma idiossincrasia atra e extrema.
Dor que me trouxe as dores mais nefastas,
Minha horrorosa e trágica alçaprema!

Vida de pobre célula tarada,
De uma genealogia envenenada,
Em que acha o "morbus" pábulo profundo,

Só a morte absolveu minha alma escrava,
Morte que, para mim, representava
O espasmo tenesmódico do mundo.

Augusto dos Anjos

Reformador | 1 de dezembro de 1936

1937

Chico Xavier e um grupo de colegas em frente ao local onde trabalhava na Fazenda Modelo.

A OBRA DOS ESPÍRITAS

Irmãos, uma onda de inquietação e de amargura invade toda a Terra. As lutas fratricidas movimentadas pelas doutrinas políticas, na incompreensão sistemática das leis divinas, nodoam de sangue as bandeiras que separam os povos e o homem moderno, na mais intensificada abundância, sente o sopro frio da adversidade e da miséria, conduzindo-o para o esgotamento e para a morte.

A humanidade, no terreno material, nunca produziu tanto, e com tamanha facilidade, como nos anos que correm, e jamais sofreu tanta fome! Nunca as suas possibilidades científicas foram tão longe, como nos tempos atuais. Entretanto, jamais se revelou ela tão cética, caracterizando-se, os fenômenos evolutivos da sua marcha, pelas mais terríveis e ominosas perversidades. Considerando a diferenciação das épocas, estabelecidas pelas balizas da História, o homem do século XX reconhece que o homem primitivo era mais pacífico e mais venturoso.

A causa, porém, de tamanhos amargores que infelicitam a alma coletiva de todos os povos, não nos cansemos de repeti-lo, tem suas raízes profundas no esquecimento, por parte das criaturas, do quanto diz respeito às lições do Evangelho.

Será, debalde, que surjam reformadores à revelia do que já nos foi ensinado há dois mil anos? Todas as perquirições filosóficas que não buscarem no divino Mestre as raízes e a bússola dos seus trabalhos serão apenas fenômenos esporádicos e transitórios das atividades e cogitações de alcance meramente humano.

Ninguém poderá ultrapassar o código divino. O que se faz preciso, na época atual, é a aplicação integral dos princípios desse código.

Todos os sofrimentos que excruciam as nações e as criaturas, tomadas de penosos assombros ante a perspectiva ameaçadora e funesta da guerra, serão eliminados ao preço de experiências sagradas, nas quais o ensinamento de Jesus ressurgirá de todos os escombros para consagrá-lo à personificação de toda a verdade.

Os governos hão de reformar-se adentro desse plano de afinação de todos os espíritos ao ritmo evangélico do Mestre e até que isso se verifique a dor haverá de acepilhar piedosamente os corações.

A atualidade está repleta de arautos e mensageiros novos. Os mais absurdos princípios políticos e religiosos são propagados no mundo em face do esquecimento geral daquela advertência de que haveria falsos cristos. E o homem se entrega a todos os desvairamentos, olvidando que antes das disciplinas austeras dos tempos medievais, em que as criaturas se recolhiam aos conventos fugindo aos méritos da luta e à vitória sobre os pecados, antes dos enunciados do contrato social, antes do verbo de Mirabeau, que proclamava os direitos do homem na Revolução de 93, e antes que todos os Lenine e Marx engendrassem a teoria do homem econômico à base do materialismo dissolvente na ânsia de solucionar os grandes problemas da sociedade universal e da fraternidade humana, já uma voz, naquela Galileia humilde e agreste, havia ensinado o "amai-vos uns aos outros, amai-vos como eu vos amei".

Assim, pois, no problema das fórmulas sociais e políticas, tudo se encontra teoricamente resolvido no Evangelho. O que tem faltado, em todos os séculos assinaladores da rota humana, são os aplicadores desses divinos princípios. As doutrinas religiosas, depositárias do pensamento diretor dos tempos apostólicos, se entregaram às mais lamentáveis defecções espinhais. O princípio do *auri sacra fames* foi o começo de toda a deturpação do Cristianismo. E depois da fome do ouro criou-se, em todos os setores da atividade humana, a teoria do homem-lobo, do homem que devora o semelhante no mais esconso caminho da ambição, do impiedoso egoísmo!

A obra dos espíritas, meus amigos, digo, em vos falando aqui, no templo bendito de nossas preces, que se elevam para Deus em volutas divinas, é tarefa da restauração, da reconstrução da hora presente, prenhe de apreensões e sombras angustiosas.

A vossa civilização armamentista cresceu com todas as grandezas possíveis, esquecendo que terá de perecer no seu fastígio, humilhada e oprimida por sua própria vaidade e ignorância pervicaz na repulsa ao Evangelho. Aquele templo, do qual não ficaria pedra sobre pedra nas afirmações do evangelista, de modo algum pode ser a igreja minúscula da Judeia. Esse edifício, que terá de fender-se e desmoronar de alto a baixo, é o do farisaísmo contemporâneo, no qual, em nome da justiça, do amor, da liberdade e da fraternidade tantas ignomínias se vão praticando.

A hora se aproxima, vem soando devagarinho. Cumpre que os bons trabalhadores se identifiquem plenamente na aplicação e no ensino exemplificado do Evangelho.

Não vos esqueçais de que todos os patrimônios materiais são expressões transitórias do mundo. Atentai, ao invés, na obra espiritual, a única que se eterniza no âmbito das atividades humanas, tantas vezes deslocadas para a semeadura entre espinheiros.

Antes das obras, é preciso lançar os fundamentos da verdade nos corações. A humanidade está tomada de profundas desilusões, em face dos monumentos e das obras grandiosas.

Grandes, sim, mas frios uns e outros frios em si mesmos, porque destituídos de qualquer vibração de espiritualidade! Que a Deus praza derramar sobre todos a Sua bênção e que o manto misericordioso da Mãe de todas as mães vos agasalhe e proteja!

Senhor, bom e divino Mestre, dá aos trabalhadores de Ismael a inspiração profunda de tuas verdades!

Vela pela tua casa, Senhor, onde todos os corações te veneram e te amam!

Concede clarividência aos que militam nos labores da tua seara na Terra e protege-os da investida das ondas reacionárias do mundo!

Que a Casa de Ismael possa cumprir seu glorioso destino, elevando bem alto a sua bandeira branca, de paz, na qual o trinômio "Deus, Cristo, Caridade" se gradua em penhor seguro de suas vitórias!

Que dentro desse símbolo, Senhor, possam os seus irmãos servir à tua casa na Terra, e que todos eles possam receber o suave bafejo da tua piedade, do teu amor, da tua misericórdia e do teu perdão![1]

Bittencourt Sampaio

Reformador | 16 de abril de 1937

[1] Segundo consta do original, a mensagem foi recebida na FEB, em sessão pública do dia 2 de abril de 1937.

1938

Dos anos 20 aos anos 30,
Chico Xavier trabalhou no Bar Elite, de Claudovino Rocha,
e na "venda" de José Felizardo Sobrinho.
Na foto de 1935, com José Felizardo Sobrinho.

EVANGELIZAÇÃO ACIMA DE TUDO

Meus amigos, saudando o nosso irmão presente, bem como aos demais companheiros da nossa caravana evangélica, faço-a na paz de Jesus, desejando-vos a sua luz santificadora.[1]

Nada mais útil do que o esforço de evangelização na atualidade e é dentro dessa afirmação luminosa que precisamos desenvolver todos os nossos labores e pautar todos os pensamentos e atitudes. As transições terríveis e amargas do século têm a sua origem na clamorosa incompreensão do exemplo do Cristo.

O trabalho secular de organizações das ciências positivas caminhou a par da estagnação dos princípios religiosos. Os absurdos contidos nas afirmações e negações de hoje são o coroamento da obra geral das ciências humanas, entre as quais, despojada de quase todos os seus aspectos magníficos da antiguidade, vive a filosofia dentro de um negativismo transcendente. E o que se evidencia, nos amargurados dias que passam, é, de um lado, a ciência que não sabe e, de outro, a religião que não pode.

[1] Em referindo-se ao vice-presidente da FEB à época, Manuel Justiniano de Freitas Quintão, em visita a Chico Xavier na cidade de Pedro Leopoldo. A mensagem data de 13 de maio de 1938.

O nosso labor deve caracterizar-se totalmente pelo esforço de renovação das consciências e dos corações, à luz do Evangelho. Urge, pelos atos e pelos sentimentos, retirar da incompreensão e da má-fé todas as leis orgânicas do código divino e aplicá-las à vida comum. O vosso sacrifício e o vosso esforço executarão o trabalho regenerador, mas necessário é não vos preocupeis com os imperativos do tempo, divino patrimônio da existência do espírito. À força de exemplificação e apoiados nas vossas convicções sinceras, conseguireis elevadas realizações, que farão se transladem para as leis humanas as leis centrais e imperecíveis do divino Mestre. Esse o grande problema dos tempos. Nenhuma mensagem do mundo espiritual pode ultrapassar a lição permanente e terna do Cristo e a questão, sempre nova, do Espiritismo é, **acima de tudo, evangelizar**, ainda mesmo com sacrifício de outras atividades de ordem doutrinária. A alma humana está cansada de ciência sem sabedoria e, envenenado pelo pensamento moderno, o cérebro, nas suas funções culturais, precisa ser substituído pelo coração, pela educação do sentimento! O Evangelho e o trabalho incessante pela renovação do homem interior devem constituir a nossa causa comum.

Procuremos desenvolver, nesse sentido, todo o nosso esforço dentro da oficina de Ismael e teremos encontrado, para a nossa atividade, o setor de edificação sadia e duradoira. Que Jesus abençoe os labores do nosso amigo e dos seus companheiros, que com abnegação e renúncia lutam pela causa do glorioso Anjo, servindo de instrumentos sinceros à orientação superior da sua Casa, no Brasil, é a rogativa muito fervorosa do irmão e servo humilde,

Emmanuel

Reformador | Julho de 1938[2]

---

[2] A mensagem foi, posteriormente, publicada em *Reformador* de maio de 1976, p. 123, com o título "À luz do Evangelho".

1939

Chico Xavier e seu irmão José Cândido Xavier, em 1935.

AOS QUE OPERAM NO CAMPO DO BEM

É a ti, meu irmão da Doutrina, que dirijo o meu apelo. Nos derradeiros anos de minha romagem pela Terra, procurei aproveitar algumas horas no labor educativo aos cegos de nossa pátria.

Nada mais fiz, entretanto, se não conduzir um pouco de minha boa vontade **aos que operam no campo imenso dessas atividades pelo bem** dos que foram privados do celeste dom da vista. Agora, do "outro lado" da vida, dirijo-me a ti que podes dispor de uma pequena parcela de tempo, em favor dos que necessitam de nossos esforços para aprender no escabroso caminho.

Numerosas já são as obras filantrópicas em benefício dos cegos no que se refere ao livro e aos métodos de sua alfabetização nos institutos oficiais. Mas os nossos irmãozinhos ainda não possuem um dicionário que lhes amplifique o campo dos conhecimentos mais comuns. O meu apelo funda-se tão-somente nessa necessidade. Se te for possível, colabora conosco. Traduzamos um dicionário simples e proveitoso à educação dos nossos amiguinhos que ficaram sem os olhos, ou que renasceram sem eles, cumprindo as dolorosas provações que lhes foram reservadas.

O dicionário poderá ser encarado como se fora uma oficina. Cada letra, cada seção de sílabas poderia ser tomada à conta de um aparelho do bem que, manejado por tuas mãos carinhosas e fraternas, produziria a claridade necessária aos cérebros que tateiam dentro da sombra.

Se isso constitui uma possibilidade para o teu esforço, meu irmão, nós te esperamos de braços abertos para essa cruzada generosa e Deus, na Sua inesgotável misericórdia, recompensará o gesto de bondade, multiplicando os "talentos" de luz dos teus olhos, do teu raciocínio e do teu coração!

Engrácia Ferreira[1]

Reformador | Março de 1939

---

[1] É sabido que "(...) Engrácia Ferreira, pioneira do alfabeto Braille para cegos, desencarnou a 21 de abril de 1937. Menos de um mês depois, a 6 de maio, comunicava-se por meio de Chico Xavier em mensagem dirigida a Júlia Pêgo de Amorim, sua sobrinha, solicitando a continuação de sua obra. Onze dias depois, Chico recebe a segunda mensagem, na própria grafia do Braille, que foi publicada em *Reformador* de junho de 1938. Diz uma nota de rodapé da revista que o médium, por não conhecer o alfabeto Braille, levou duas horas para receber tal comunicação psicográfica, que foi assim transcrita: "Minha boa Julinha, a paz de Deus, nosso Pai, seja em teu generoso coração, sempre tão cheio de fé. Trabalhemos pelos cegos, minha filha, pensando que a cegueira do espírito é bem mais triste que a dos olhos. Hei de ajudar-te com o favor de Deus. A tia, Engrácia." No dia 16 de novembro de 1938, transmite a terceira mensagem, sugerindo que ela transpusesse para o Braille determinado dicionário de Português, obra que havia deixado inacabada. D. Júlia, atendendo à solicitação da querida amiga espiritual, aprendeu sozinha o alfabeto Braille, copiando letra por letra. Para certificar-se, pediu a um cego que lesse o que havia escrito, cujo resultado encheu-lhe de alegrias. A partir daí transformou-se numa verdadeira missionária do Braille. Reuniu em sua casa várias senhoras interessadas nessa obra de altruísmo - na prática do ensino do Braille. Em 1939, iniciou a transcrição do Dicionário da Língua Portuguesa, de autoria de Hildebrando Lima e Gustavo Barroso, cujo trabalho durou cerca de 4 anos, dando, ao todo, 64 volumes. Em 1945, Chico Xavier recebeu a quinta mensagem do espírito Engrácia Ferreira, agradecendo à sobrinha o atendimento e o valioso trabalho em prol dos cegos. D. Júlia iniciou um curso gratuito do Braille no centro da cidade, visando maior número de colaboradores. Transcreveu para esse alfabeto inúmeras obras espíritas e não espíritas, entre as quais *O Evangelho Segundo o Espiritismo*, *Agenda cristã*, *Cartas do Evangelho*, *Voltei*, *Pequenas mensagens* e muitas outras, todas doadas à Sociedade Pró-Livro Espírita em Braille (SPLEB). (...)." Segundo Wanda Amorim Joviano, sobrinha-neta de Engrácia Ferreira, em nota em livro de sua organização, juntamente de Geraldo Lemos Neto, o *Depois da travessia*, psicografado por Chico Xavier, por espíritos diversos (VINHA DE LUZ/DIDIER, 2013, p. 90), "Tia Engracinha, já no plano espiritual, reconheceu-se devedora dos cegos, porque, mulher poderosa em vida anterior, decretara tal pena ao chefe de insurreição surgida em seus domínios e, em o fazendo, teve como vítima o próprio filho". Referenciado em nota explicativa da obra já citada, p. 90.

ÁGAPE ESPIRITUAL

Meus irmãos e meus amigos, que Jesus vos conserve o coração em santa paz.

Não desejamos perturbar a tranquilidade sagrada da vossa palestra amiga e fraternal. Se a trocastes por um momento de comunhão com o invisível, deveis considerar que através de vossos conceitos fluía o espírito do amor e da cordialidade no fermento divino do Evangelho.

Não podemos trazer a vós outros uma emoção nova, nesse sentido, e em nosso coração ressoa esse eco de amizade doce que faz da vida terrena uma travessia menos fadigosa.

Simples irmão mais velho, não me atrevo a pintar panoramas novos para a vossa mentalidade esclarecida à luz das lições imortais de Jesus Cristo.

De bom grado, associamo-nos ao vosso **ágape espiritual**, endossando as opiniões expendidas e corroborando o vosso critério evangélico no mecanismo das atividades doutrinárias.

Nenhuma mensagem do plano espiritual pode apresentar características mais empolgantes que o divino roteiro estabelecido pelo divino Mestre há dois mil anos, com vistas ao progresso infinito das almas. Debalde, os emissários das ideias novas falarão ao mundo recorrendo a todos os processos da retórica e da dialética humanas. Em vão, as ideologias políticas desfraldarão bandeirolas ao vento, ao rufo melancólico de tambores, e é inútil que a ciência e a religião, em seus polos dogmáticos, prossigam na luta dos seus antagonismos irreconciliáveis. A revelação divina, no coração das criaturas, a sagrada compreensão do Cristianismo redivivo são as únicas lâmpadas de claridade imortal esclarecendo o verdadeiro caminho das civilizações. Ante a sua grandeza, todas as ilusões do mundo são como a onda leve, ou como a neblina evanescente.

Os homens marcharão ainda uns contra os outros, tripudiando sobre as mais formosas e imperecíveis leis de fraternidade universal, separados pelo simbolismo das bandeiras, obedecendo, muitas vezes, a poderosos imperativos de sua natureza quase semibárbara, embora as expressões de refinamento da sociedade ocidental. Todavia, é preciso considerar que sobre a maioridade terrestre flutua o período de tempo equivalente a vinte séculos consecutivos. Por todo esse patrimônio inestimável de tempo, o Mestre tem aguardado a compreensão do seu rebanho, dentro das cariciosas expressões de seu amor divino.

É por esse motivo que junto dos horizontes sombrios do plano internacional legiões de trabalhadores dos planos invisíveis são convocados para a aferição dos valores humanos na época que passa. Numerosas transições assinalam as vossas atividades consuetudinárias e a indecisão paira sobre a fronte dos povos, atormentados pelos fantasmas da ambição e do extermínio. Lá fora, nas agitações imensas do mundo, esse é o painel dos acontecimentos. Entre as coroas que se estraçalham, entre os poderes políticos que se chocam, fragorosamente vacilam as cátedras e desmoronam as sacristias.

Os religiosos do "sepulcro caiado" recordam somente hoje que o esforço e as lágrimas dos mártires terminaram nas pedras frias das catedrais sem alma, embora as suas características de munificência.

Imensa é a luta. Os novos trabalhos, as perspectivas penosas da tarefa educativa assombram os mais tímidos, mas no meio da tempestade há corações de inspirados que trabalham e esperam. Para estes, a fé está sempre tocada de um cântico de hosanas. Sabem entender o jugo suave do Mestre e embalde os convoca o mundo para a sua destruição e para os seus dolorosos atritos.

É por essa razão, amigos, que comungamos convosco, esta noite, prendendo aos vossos os nossos corações, cheios de boa vontade. Orai e vigiai. Continuai agindo assim e que os vossos lares, precedendo as realizações do porvir, sejam os templos da paz e da fé, onde a sublime confiança em Jesus pontifique todos os dias no altar íntimo do coração.

Que Deus vos abençoe e vos conceda muita paz. Que Jesus vos guarde em seu amor, derramando sobre os vossos espíritos a sua divina bênção é a rogativa do vosso irmão e servo,

Emmanuel

Reformador | Julho de 1939[1]

[1] Mensagem recebida em 7 de junho de 1939, por ocasião da visita do vice-presidente da FEB à época, Manuel Justiniano de Freitas Quintão, a Chico Xavier na cidade de Pedro Leopoldo.

PRECE À VIRGEM

Ave, Maria! Mãe dos sofredores,
Mãe de piedade e bem-aventurança,
És a estrela da paz e da bonança
Que esclarece e consola os pecadores!

Senhora, volve o olhar às nossas dores,
Sê conosco no vale da provança.
Faze chover as luzes da esperança
Sobre o mundo chagado de amargores!

Virgem santa, abençoa o nosso trilho
No labor do Evangelho de teu Filho,
Sobre a terra fraterna do Cruzeiro!

Que a obra de Ismael, profunda e imensa,
Possa espalhar os bálsamos da crença,
Conduzindo a verdade ao mundo inteiro!

Bittencourt

Reformador | Setembro de 1939[1]

[1] Segundo consta do original, a mensagem foi recebida em 20 de setembro de 1939, na FEB, durante sessão do Grupo Ismael.

A TAREFA QUE NOS COMPETE REALIZAR

Meus irmãos e meus amigos, muita paz vos desejo ao coração.

É aqui, no santuário de Ismael, onde repousam as esperanças evangélicas da Terra do Cruzeiro, que vos venho falar do instante que passa, doloroso em suas características tenebrosas, para relembrar a extensão e a complexidade dos nossos deveres ante a misericórdia e a sabedoria daquele que é a luz dos nossos corações.

Outros poderiam falar-vos melhor, todavia, eu vos falarei com o coração, esteriotipando nas palavras singelas que vos dirijo as nossas alegrias e as nossas sagradas esperanças.

Aqui ainda reside a paz do Evangelho, fugindo ao turbilhão dos ais apocalípticos do mundo. Ainda aqui está a fé erguendo os corações para Deus nas tarefas *mais elevadas* e *mais puras*. Lá fora, no velho continente, que presume guardar a direção de todos os progressos do mundo, é o movimento tumultuário das armas homicidas, semeando a morte, a ruína, a miséria e a desolação.

Nas frentes de batalha, como nas retaguardas indefesas, tombam os corações esfacelados, verificando a destruição de todas as realizações dos idealismos que nobilitam o pensamento humano. Ante as aves metálicas da morte, fremem de angústia os espíritos maternos, elevando-se a Jesus em preces de incomparável aflição, clamando desesperadamente pela sua misericórdia. As gerações do ódio e da vingança se embriagam no vinho sinistro da guerra e todas as conquistas científicas dos povos são empregadas no extermínio e na destruição.

Bastou que a força renovasse os seus impulsos tumultuários para que o homem civilizado do planeta apresentasse as suas características de selvageria, ocultas nos escaninhos profundos de sua personalidade irreprimida. Em vão, choram as mulheres e as crianças desprotegidas e indefesas. Os quadros desoladores se desdobram em todas as direções, sem que se possam esconder os seus detalhes dolorosos e sinistros.

Cooperando no clamor de reabilitação das esperanças desfalecidas, numerosos espíritos devotados ao bem derramam lágrimas de compaixão diante dos espetáculos tenebrosos.

O mundo invisível, mais do que vós outros, se encontra habilitado ao exame minucioso dessas profundas transições, porém, observando as provas coletivas, impostas às massas planetárias, recordamos o dia inesquecível de Jerusalém, no instante justo em que o Mestre divino era conduzido à cruz de nossas misérias e de nossas fraquezas. Notando o pranto copioso das numerosas mulheres que o acompanhavam, Jesus exclamou, prosseguindo no seu caminho doloroso, a passos vacilantes: "Filhas de Jerusalém, não choreis por mim! Chorai por vós mesmas e por vossos filhos, porque tempo virá em que os homens, espavoridos, exclamarão para os montes: 'Cai sobre nós!'. E dirão às colinas: 'Cobri-nos! Porque se é assim que se procede com o lenho verde, que não se fará com lenho seco?'"

Tais rememorações nos enchem as almas de profunda amargura! É que há já dois mil anos que o Senhor efetuou a sua divina semeadura! Há vinte séculos que o mundo recebeu a sua mensagem, entretanto, a ambição nos entorpeceu as energias, o orgulho nos obscureceu os olhos, a vaidade nos dominou o coração. No transcurso dos anos, fomos os cegos que não desejaram ver, os surdos infelizes que não quiseram ouvir!

As elevadas expressões evolutivas da ciência materialista do mundo somente nos agravou a situação espiritual, contribuindo para que nos despenhássemos no abismo. Todas as conquistas dos gênios científicos na Terra são aplicadas agora para o extermínio dos corações humanos e verificamos, amargamente, que o progresso material edificou o túmulo de nossas miseráveis grandezas terrenas. A civilização organizou todos os aparelhos de comodidade para a sua existência, mas olvidou a verdade para os corações. Ao homem do século XX, saturado de ciência e de razão, faltaram os genuínos valores do Evangelho. As religiões, que se fundaram sobre os abusos da fé e sobre os interesses econômicos do sacerdócio, verificam hoje os seus erros, tocadas de dolorosos assombros.

A tarefa, portanto, que nos compete realizar é soberana e profunda. Nós, os desencarnados, e vós outros, que permaneceis nas malhas da luta material, estamos, igualmente em guerra, mas numa guerra santificada, porquanto o inimigo a vencer reside dentro de nós mesmos. Sabemos hoje que as teorias políticas, os exércitos apressados de salvação externa não resolvem os problemas complexos da existência terrestre, porque os sicários da nossa ruína nos acompanham em todas as manifestações da luta pela vida. Urge nos cristianizemos por meio do Evangelho do Senhor, considerando que a nossa reforma íntima, com Jesus e por Jesus, é o testemunho do aproveitamento de suas lições inesquecíveis, representando os nossos atos e palavras o melhor fator de iluminação para os outros, na causa profunda que nos irmana, agora, com vistas ao porvir. Das transições dolorosas e rudes que caracterizam o atual período evolutivo da humanidade, o mundo renascerá melhor para Jesus, porquanto o Pastor não quer que se perca uma só de suas ovelhas tresmalhadas.

Seu amor luminoso e imenso é o melhor título que possuis na Terra. Durante milênios, temos vagado no mundo malbaratando os valores da nossa paternidade espiritual. Desenvolvemos em demasia a inteligência, esquecendo o coração nos seus objetivos sagrados, dentro da vida. Costumais homenagear no mundo o advento dos códigos políticos e as realizações de ordem cultural e científica, entretanto, a vossa alma experimenta um frio doloroso, em se tratando da fé. Endeusais a fé raciocinada, mas esqueceis que o raciocínio mais apurado pode perder-se no caminho quando lhe falta a iluminação evangélica.

Irmãos meus, unamo-nos na genuína compreensão do apostolado e do messianismo à luz do ensino do Senhor! Graças à misericórdia do Alto, as nossas aspirações e preces ardentes se conjugam na pátria do Evangelho para onde o Cordeiro transportou a árvore maravilhosa de suas bênçãos sublimes. Dentro da paz de que gozamos, não desmereçamos da responsabilidade que nos foi conferida, buscando apreender com o coração as mais excelsas verdades!

A hora é de dor, mas é também de iluminação para o mundo que se perde à míngua de humildade. Unamos os nossos pensamentos e lancemos a toda parte, com a renovação necessária, as benditas sementes que hão de germinar, florescer e frutificar aqui para o Cordeiro de Deus, correspondendo-lhe à confiança sublime. Daqui, do santuário de Ismael, de onde os guias amorosos do Brasil buscam irradiar espiritualmente todas as atividades doutrinárias da Terra do Cruzeiro, elevo o pensamento humilde ao Senhor, rogando-lhe forças e luz para a nossa missão divina.

Sim, meu Jesus, ampara os companheiros queridos, que oram e esperam, não obstante as nuvens do céu, que preludiam pavores e procelas! Tem misericórdia de todos nós que desejamos servir-te para os triunfos do Evangelho, na região fraterna e generosa do Cruzeiro! Alivia o coração inquieto das mães que te esperam e choram, protege os teus tutelados que, de novo, caminham para as lutas fratricidas! Ilumina a consciência daqueles que dirigem materialmente as seções do teu rebanho rebelde e desgraçado! Bem sabemos, Senhor, que somos grandes pecadores impenitentes, cristalizados no orgulho e na discórdia, mas, com as lágrimas de nossas fraquezas, suplicamos a assistência de tua compaixão sublimada e infinita! Elevando-te a minha súplica, tenho a impressão de ainda ver-te quando a barca de Simão conduzia a tua palavra para as crianças misérrimas que se acotovelavam inquietas nas margens do Tiberíades! Acolhe-nos, Senhor, como se o fizesse às criancinhas ignorantes e dize-nos de novo: "Vinde a mim os pequeninos!" Ante a tua bondade inesgotável, somos vermes que rastejam no mundo, ou junto dos fluidos terrestres, ansiosos de paz e de regeneração para o espírito envelhecido no crime. Sobretudo, esta noite, Mestre, imploramos a tua assistência para todos os companheiros de labor evangélico no Brasil, a fim de que a pátria do Evangelho, em paz e liberdade, possa cumprir as tuas determinações gloriosas no seu elevado destino!

Emmanuel

Reformador | Outubro de 1939[1]

[1] Segundo consta do original, a mensagem foi recebida em 22 de setembro de 1939, na FEB, durante sessão pública.

SONETO

O homem da Terra, mísero precito,
No máximo de dor de que há memória,
Vai penetrar a noite merencória
Do seu caminho, desvairado e aflito.

No mundo, em toda a parte, ouve-se o grito
Da mentira em seus dias de vitória!
Ostentação, miséria, falsa glória,
Afrontando as verdades do Infinito!

Mas ao coro sinistro das batalhas
Hão de cair as rígidas muralhas
Que guardam a ilusão do mundo velho!

E após a dor, a treva e a derrocada
O homem renascerá para a alvorada
Da luz divina e eterna do Evangelho!

Olavo Bilac

Reformador | Novembro de 1939

1940

Detalhe de fotografia da sede do Centro Espírita Luiz Gonzaga, na Rua Dr. Neiva, em Pedro Leopoldo, Minas Gerais, em 1935. Na foto original, encontram-se os Srs. César Julião de Sales, Aníbal Belisário, Maurício de Azevedo, Teodoro Viana, Romero Carvalho Filho, Maurício de Azevedo Carvalho, Gerson Barbosa Chaves, Fausto Joviano, Agripino de Paula, Chico Xavier, José Cândido Xavier, Anísio Fróes, José Viana Braga, Joaquim Antônio Costa, Leopoldo Mello, Francisco Teixeira, José Macedo, Geraldo Bhering, José Antônio Vieira e o repórter Clementino de Alencar.

DA OBRA "AS QUATRO BABILÔNIAS"

Meus amigos, Deus vos conceda muita paz.

Pobre servo de Jesus, não vos venho trazer a palavra de sabedoria, mas a da cooperação fraterna, em sua misericórdia, para o estudo de nossas expressões evolutivas em caminho da espiritualidade luminosa.

Quero referir-me ao vosso desejo de nossa manifestação sobre "As quatro Babilônias", repositório de numerosas elucidações oriundas do Alto, isto é, do plano divino, de cujo reservatório de verdades emanou o pensamento profundo dessa obra. Não só o instrumento humano e falível contribuiu para esse evento. Grande número de enviados cooperou na exposição desse trabalho sadio, dando curso às mais sublimes inspirações. Nem mesmo um cérebro perecível poderia avançar tanto nesse caminho de concepções, tão-somente com a pobreza das possibilidades materiais. Somente o espírito, apreendendo a luz divina, percorrendo as estradas dos acontecimentos e perquirindo a sagrada semeadura, nos tempos mais remotos, poderia realizar esse esforço, trazendo ao conhecimento humano a chave da revelação nas suas características universalistas.

Podemos adiantar ainda que nos planos espirituais mais próximos da Terra se organizam núcleos devotados ao bem e à verdade, sob a égide do Senhor, de maneira a preparar-se a mentalidade evangélica esperada para o milênio futuro, depois da grande ceifa em que o orbe terá de renovar os seus caracteres. É natural que esses núcleos de entidades amorosas e sábias se aproximem das coletividades que já conseguiram realizar as melhores edificações no terreno definitivo da construção espiritual. A Europa, nas suas expressões de decadência, não conseguiria receber semelhantes vibrações numa hora destas, em que o Velho Mundo ouve, amargurado, os mais dolorosos ais do Apocalipse. É por essa razão que os espíritos do bem e da sabedoria buscam a América para continuação da tarefa sagrada e, muito particularmente, o Brasil, dentro da sua incontestável missão de difundir o Evangelho pelo mundo, de modo a edificar-se o homem do futuro nas mais consoladoras verdades celestiais. E faz-se preciso notar que para um esforço dessa natureza o plano invisível não requisitou as forças que o servem ostensivamente – clamou ao testemunho o missionário despreocupado dos fenômenos para a demonstração da essência dos ensinos, buscando-o nos templos de outra ordem, onde a verdade relativa se há fechado, muita vez, na sombra do dogmatismo, pelas imposições do sacerdócio que, em todos os tempos, eliminou as mais belas florações do profetismo.

Associamo-nos às vossas alegrias recebendo essa dádiva de confortadoras e decisivas revelações que se destinam à demonstração da linha sagrada e universalista do progresso do mundo sob o olhar misericordioso daquele cujas palavras são amor e vida, e jamais passarão.

Fazendo a nossa reverência espiritual aos elevados mentores que inspiraram esse esforço, desejamo-vos a paz de Deus, esperando que a Sua bênção de amor conforte as nossas almas e esclareça os nossos corações,

Emmanuel

Reformador | Janeiro de 1940[1]

[1] Mensagem psicografada na presença do vice-presidente da FEB à época, Manuel Quintão, no dia 2 de janeiro de 1940, na qual Emmanuel menciona e confirma os conceitos da obra "As quatro Babilônias", psicografia de um ilustre engenheiro paulista sob o pseudônimo de Marius Coeli, livro editado pela Revista dos Tribunais em 1939. Posteriormente, a mensagem foi reproduzida em *Reformador* de fevereiro de 1979.

JERUSALÉM! JERUSALÉM!

Eis que o mundo de novo se estraçalha
No vórtice nefando do extermínio,
Pela embriaguez de sangue e morticínio,
Sob o fumo sinistro da metralha.

Sempre a ambição e a sede de domínio,
Acendendo a terrífica fornalha,
Onde crepita o fogo da batalha,
Reduzindo a cultura a esterquilínio.

Nos ais apocalípticos do mundo,
Geme o eterno direito moribundo
Sob a força que humilha a paz e o bem!

E sobre as dores, sobre as agonias,
O Mestre exclama, como Jeremias:
"Ouve, ó **Jerusalém! Jerusalém!**"

Augusto dos Anjos

Reformador | Fevereiro de 1940

A INDIFERENÇA DO HOMEM PARA COM A MISSÃO DO CRISTO

O famoso campo da Flandres assombrava. Em tudo, era o traço da batalha, onde novamente se massacravam as esperanças das criaturas. A noite fizera-se pesada ao rumor da fuzilaria. Aqui eram trincheiras improvisadas, bocas de aço vomitando estilhaços de morte, além agonizantes e vencidos, cadáveres e escombros, como fragmentos dilacerados da vida, sufocados pelos carros de assalto.

No firmamento, as mesmas estrelas fulguravam tranquilas, enquanto a mesma terra se enchia com o perfume quente da primavera. Mas na paisagem sombria estavam também os mesmos homens de todos os tempos. Os furiosos impulsos da ambição entrechocavam-se. Por todos os recantos, a mais cuidadosa disposição para destruir melhor, o zelo intenso para a inutilização do adversário.

Penetramos a atmosfera asfixiante do combate, tomados de espanto. Espetáculos terríveis desdobravam-se aos nossos olhos. Todavia, o que mais fundamente impressionava eram as exclamações dos feridos, o estertor dos agonizantes, a penosa emoção dos que se afastavam violentamente da carne.

Fora da superfície sangrenta, contudo, surgiam amorosos braços espirituais. Entidades fraternas, enfrentando corajosamente os fluidos venenosos do campo da luta, vertiam o bálsamo da consolação sobre quantos haviam caído ao desamparo. Serviços de socorro do plano espiritual manifestavam-se em todos os sentidos.

Além do sepulcro, trabalham também os irmãos dos infortunados. Como se estivesse em movimento o exército compacto de uma Cruz Vermelha invisível, legiões de espíritos amigos amparavam os companheiros misérrimos da carne, na sua falência desditosa.

Observamos, no entanto, que grande número de desencarnados, surpreendidos pelo choque das armas, prosseguia na mesma sensação de luta, saturados do mesmo ódio, como se conservassem todas as energias da existência material. Enquanto os mais sofredores eram atendidos pelos mensageiros da bondade e da abnegação, notamos que dois jovens militares desencarnados, ignorantes de sua nova situação, se empenhavam em forte contenda de palavras, mais ou menos nestes termos:

– Retomarei minhas armas, responderei com eficiência aos teus insultos! – dizia um deles.

– Pagarás muito caro a ousadia – replicava o outro. – Saberemos castigar o teu maldito país!

E a discussão continuou:

– Nunca! Maldito é o berço em que nasceste!

– Também tu és dos bárbaros!... Não deixas igualmente de ser dos criminosos!

– Não perdoaremos o crime de tua pátria, que se arvorou em verdugo cruel dos povos livres da Terra.

– Também nós não teremos piedade de teu país, que ambiciona a vitória da exploração e do ouro, cheio de sangue dos povos mais humildes!

– Falas tu em povos humildes? Quem os insulta na atualidade à força de canhões?

– E quem os explora, estraçalhando-lhes as economias?

– Minha nação viveu sempre com o direito!

– Minha terra sempre teve razão.

– Juro pela minha igreja que não vencerás.

– E eu juro pela minha fé que o triunfo será nosso!

– Deus está do nosso lado.

– Isso não é verdade! Deus está conosco!!!

A luta de palavras prosseguia áspera, mas como se a invocação do nome de Deus houvesse atraído uma nova força de esclarecimento para o coração perturbado dos contendores, ouviu-se uma voz branda e persuasiva, entre ambos, exclamando:

– Calai-vos, meus irmãos! A guerra destruidora pelas armas terrestres terminou para vossas almas, com o último choque das forças materiais! Vossos corpos jazem no campo da batalha, estirados no caminho sangrento, em consequência do egoísmo e da ambição. Por que esse ódio execrando, quando as vossas dores e esperanças são irmãs umas das outras? As fronteiras transitórias do mundo não se transferem à eternidade! Voltai a considerar as verdades profundas da vida! Por que esse impulso violento de derrubar e destruir? Fostes jovens, sonhastes as mais formosas edificações, tivestes as mesmas aspirações de amor e de ventura, alcançastes soberbos patrimônios de ciência do mundo, mas onde colocastes a finalidade real? A vida será tão-somente esse espetáculo tenebroso de construções decadentes e derrubadas? O sorriso da criança, a esperança da juventude, a paz da velhice serão o pasto da destruição? Onde está o vosso senso de realidade essencial? Entretanto, conquistastes a natureza, sois sábios e fortes, conscientes e dominadores. Criastes uma civilização com todos os estatutos da ordem, vindes de igrejas organizadas e poderosas. Alegais que Deus está ao lado dos vossos caprichos particulares, esquecendo de perguntar à própria consciência se cada um de vós outros está verdadeiramente com Deus. A atmosfera pestilenta que construístes em torno do coração é a do caminho dos grandes culpados, onde todos gritam sem razão, recriminando-se mutuamente. De que vos serviu a convenção religiosa, onde buscastes o mecanismo frio das fórmulas sem valores do sentimento? Onde estão as igrejas que vos separam da divina revelação das verdades de Deus? Por vinte séculos, o Cristo há esperado a vossa compreensão nas luzes salvadoras do Evangelho!... Mas ainda não conseguistes parar a máquina da ambição, a fim de meditar no doce apelo de Jesus no íntimo do espírito... Edificando as vossas grandezas materiais em seu nome, torcestes a verdade de suas palavras, levantastes monumentos de ignomínia, procurando adaptar os seus sagrados ensinamentos aos vossos caprichos nefastos. Jamais cogitastes desse sagrado ideal de união com a sua mensagem de fraternidade e de paz, e debalde inventastes sistemas sociológicos sem esse fundamento divino. Por esse motivo, resgatais agora a multissecular impenitência nesses movimentos iníquos e dolorosos. Vossa luta estéril significa o preço da defecção espiritual e vossos antagonismos ideológicos constituem a guerra dos cristãos infiéis, mergulhados no pântano de suas negações da verdade e da luz!...

A voz enérgica continuava a falar dos resultados amargos d**a indiferença criminosa dos homens para com a missão redentora do Cristo**. Mas a esse tempo intensificava-se o ruído das bombas de alta potência explosiva. Ao nosso lado, alguns cadáveres se dividiam em fragmentos nos ares. Sob a luz das estrelas, pesados aviões de bombardeio empenhavam-se em luta feroz, enquanto a paisagem se iluminava palidamente ao clarão dos incêndios. Os gemidos angustiosos dos moribundos pareceram mais surdos. O ambiente era de penosa estupefação, ante o silvo agudo das balas destruidoras. Pesados tanques penetraram o campo tormentoso, rompendo obstáculos como avalanches de fogo e aço, lançando chamas a considerável distância.

Nesse momento, o amigo espiritual que me conduzira ao teatro da crueldade humana disse-me, bondoso, afastando-se levemente:

– Não poderás suportar a situação por mais tempo sem nova provisão de forças. Ainda não te encontras preparado para esse gênero de esforço. Acompanha-me. Retiremo-nos um pouco, a fim de orar.

Humberto de Campos

Reformador | Julho de 1940[1]

[1] Mensagem psicografada em 12 de junho de 1940 e remetida, diretamente, para publicação em *Reformador,* segundo consta de seu original.

OREMOS E VIGIEMOS

A visão apocalíptica do mundo moderno oferece ao espírito dos povos americanos um campo vasto de dolorosas meditações. As nações mais cultas da Terra, filhas da experiência e da sabedoria, empenham-se numa guerra fatal como embebedados por um vinho sinistro de destruição. Ao rugido das batalhas, invocam-se inutilmente os valores da ciência e da fé. A primeira foi convertida no braço forte do extermínio, a segunda desapareceu com o veneno psicológico dos extremismos. E a antiga Europa, mãe espiritual da nova civilização, estende os braços, em súplica, diante da sinistra embriaguez de seus filhos a se exterminarem, reciprocamente, dilacerando-lhe o coração. As rogativas, entretanto, são, apenas, um leve ruído de aves assustadas no seio de uma floresta extensa que a tempestade domina, entre as sombras pesadas da noite. Populações indefesas são assaltadas, de súbito, pelo sopro cruel da destruição. Sobre a primavera enfeitada de flores, o homem semeia ruínas. O sol claro de Deus ilumina os espetáculos mais dolorosos. De quando em quando, banham-se na sua luz os pesados aviões de bombardeio como pássaros hediondos da morte. E a fileira interminável dos refugiados movimenta-se, a medo, pelos caminhos, às vezes cheios de cadáveres, ao coro dos soluços de crianças desamparadas e ao clamor dos feridos, nas horas derradeiras. São quadros comparáveis somente aos massacres do pretérito remoto, quando a razão não havia desabrochado de todo no jardim da cultura humana. Ontem eram Aníbal e

Átila, sem as teorias do aperfeiçoamento e da evolução, espalhando o morticínio. Hoje são os filhos da mais refinada civilização, entremostrando a fibra oculta dos selvagens.

No quadro geral dos acontecimentos, a Europa extermina-se enquanto a América medita. E sobre todos os espetáculos humanos, pairam os ascendentes divinos da renovação do mundo, onde os fatos mais tristes não ocorrem à revelia d'Aquele que é a luz do coração de todas as criaturas. Em todos os setores de trabalho das esferas mais próximas do planeta, vive-se o abençoado esforço das grandes transformações. O milênio futuro deverá refletir as primeiras colheitas da grande semeadura. Uma nova era de concórdia sob o pensamento do Cristo deverá florescer para os homens do porvir e as lutas titânicas do século XX constituem uma enorme preparação, a fim de que o trigo da verdade e da paz produza o pão dos povos do futuro. Os movimentos penosos da atualidade foram previstos, no plano espiritual, há cinco séculos. Há quinhentos anos, sob a inspiração de Jesus, realizou-se a primeira separação.

Corria o século XV quando as esferas espirituais movimentaram os primeiros princípios renovadores. Por mais de mil anos, Jesus havia esperado do planeta a compreensão sagrada dos seus ensinos. Entretanto, ao próprio local da antiga cruz os príncipes guerreiros do Ocidente levaram os estandartes sangrentos de suas tendências de hegemonia e destruição. Debalde Godofredo de Bouillon recusou a coroa de ouro, alegando que o Cristo havia cingido a auréola de espinhos, aceitando somente o título de "Defensor do Santo Sepulcro". A humildade postiça das grandes ocasiões não apagava o rastro de ruína e desolação. Os movimentos de todas as Cruzadas espalharam, em nome de Jesus, as ondas incendiárias dos crimes mais tenebrosos. Sacerdotes e monarcas, sábios e generais participaram, na época, do banquete sinistro. Apesar de todas as experiências penosas, a ideia de ambição e domínio não pereceu. Continuaram as conquistas da força, multiplicaram-se as depredações.

O progresso da realeza assinalava-se sobre o esquecimento dos menores direitos da vida. Debalde o plano espiritual ofereceu ao mundo as primeiras universidades e parlamentos. Apontar a Idade Média é designar uma noite sombria. Os primeiros canhões surgiram para incentivar a carnificina e a Guerra dos Cem Anos tocava a seu fim quando se efetuou o primeiro sinal de renovação. Sob a égide de Jesus, descobria-se um Novo Mundo e para as suas regiões vastas e fartas seria conduzidos todos os espíritos de boa vontade que desejassem sinceramente colaborar na edificação do milênio vindouro. Uma nova escola de liberdade e amor, de concórdia e confiança abriria suas portas aos corações generosos e sinceros. E é por essa razão que vemos, na mesma época, o início da Reforma, com a divulgação da letra do Evangelho. A tradução do livro da vida destinava-se aos filhos do Novo Mundo. Com a mensagem de Jesus, edificariam a sua nova casa e é por esse motivo que os ministros protestantes, que desembarcam na América do Norte, e os padres católicos, que viajam para as terras do sul, destoam do espírito religioso dominante na Europa. Convocados para a missão generosa e sublime, trocam o conforto das posições rendosas das cortes pela caminhada árdua entre os homens simples das regiões descobertas nos sertões desolados e ásperos. Examinando o ascendente divino dessas fases históricas, os povos do novo continente devem entender que o panamericanismo não é somente uma fórmula política sem significação no tempo. A vida americana é uma vida nova. Seus conceitos de confiança intercontinental estão firmados por laços divinos, com as mais fortes raízes na esfera espiritual.

Eis por que entre o Novo e o Velho Mundo se verificam diferenças essenciais e eis a razão pela qual as nações europeias sentem sobre si o sopro da ruína e da morte. O século XX assinala as grandes hecatombes de suas dolorosas transformações, na marcha laboriosa para o milênio futuro. Seu início foi marcado com o sangue das batalhas da Rússia e desde 1904 a 1939 a grande revolução não cessou os seus esforços sangrentos. Em vão, organizaram-se tratados e conferências. Os embates pela hegemonia continuam espalhando a miséria em todos os corações. Por toda parte é o assalto da conquista, os venenos ideológicos, as lutas civis, a guerra de nervos, o progresso do terror. Setembro de 1939 deu início a mais uma fase de provações coletivas de longa duração. Sobre os filhos inquietos da sabedoria intoxicada do mundo desce a noite tempestuosa das profundas renovações. A Europa entrega-se ao cumprimento de dolorosas profecias. A América inteira deve **orar e vigiar**.[1]

Humberto de Campos

Reformador | Julho de 1940

[1] Segundo consta do original, a mensagem foi psicografada em 22 de maio de 1940.

À LUZ DA DOUTRINA

Meu amigo, Deus te abençoe o coração.

Nossa irmã Adelaide encontra-se em lutas que a entidade comunicante não conhece. Chegar em primeiro lugar numa corrida não indica que o vencedor da partida deva ser o mais sábio dos concorrentes. Apesar de sentir-se consolada em seu íntimo, nossa irmã Olímpia está na situação de uma pessoa ausente do círculo estreito do plano familiar, fortalecendo-se depois de experiências muito penosas e rudes. A lição a extrair-se é a de que a morte do corpo é separação, mas nunca um milagre, como se fora um banho de sabedoria. É por esse motivo que, como nas demais escolas religiosas, o Espiritismo tem os seus problemas transcendentes, como a da observação em curso, cuja elucidação é do domínio do santuário, onde toda a razão deve contar com as luzes purificadoras do sentimento. (...)"[1]

Emmanuel

Reformador | Setembro de 1940

---

[1] A carta de Emmanual a Manuel Quintão consta do livro *Francisco Cândido Xavier em Campos - De visita à Escola Jesus Cristo*, organizado por Clóvis Tavares e publicado em caráter doméstico, em 1940, pela Escola Jesus Cristo de Campos, a qual dirigia, em comemoração aos cinco anos de fundação daquela instituição. Tendo sua primeira, pequena, única e esgotada edição, em 2010 o livro foi reeditado pela Vinha de Luz Editora com o título *Luz na Escola - Chico Xavier na Escola Jesus Cristo de Campos* | *RJ* (p. 90-94), reorganizado por Flávio Mussa Tavares, seu filho, numa edição comemorativa aos 70 anos da primeira visita de Chico Xavier à Escola Jesus Cristo e ao centenário de nascimento do médium mineiro.

Chico Xavier nos anos 30.

1941

DA HUMANIDADE TERRESTRE

O sábio instrutor terminara sua exposição de princípios, esclarecendo os espíritos generosos designados para missões de amor na face da Terra.

Os ouvintes revelavam no olhar profunda gratidão pelos seus conceitos divinos, que traduziam formosas sínteses da verdade. Concluindo as elucidações, na paisagem clara e alegre, falou mais ou menos nestes termos, com bondade e brandura:

– Havendo terminado a tarefa, depois de esclarecer-vos sobre as condições do mundo, onde Deus vos reservou nobre esforço, antes de regressar à minha esfera de ação desejaria receber as vossas dúvidas pequeninas.

Foi aí que uma das entidades presentes à reunião dirigiu-se ao mentor venerando, com interesse:

– Perdoareis a minha pergunta – disse ela, respeitosa – mas como venho de um planeta extremamente diverso da Terra, dadas as características que descrevestes, desejaria **informações mais precisas com respeito aos seus habitantes**. Estive com amigos que não me forneceram informes favoráveis. Entretanto, já saíram do orbe há mais de mil anos terrenos. O esforço para o qual me designaram não me atemoriza, porém desejo cercar-me de todos os elementos necessários à vitória justa do bem.

O respeitável instrutor meneou a cabeça, fez um gesto significativo e sentenciou:

– Antes de qualquer consideração, não deves temer coisa alguma, pois trabalharás sob a tutela de Jesus, cujo pulso invencível mantém ali a obra de Deus. No entanto, apreciando com verdade a situação dos habitantes daquele mundo, encontramos muita coisa interessante em sua psicologia. As informações que te foram fornecidas por amigos que partiram dali há mil anos ainda são muito atuais. Os homens mudaram muito pouco na expressão geral, com exceção daqueles que souberam acompanhar os passos do Cristo para a suprema salvação.

– Mas como deverei compreendê-los para lhes prodigalizar o bem possível? – interpelou o espírito dedicado.

– São criaturas ainda semelhantes a crianças que transformam os assuntos mais sérios em brinquedos de morte.

– Sim, – considerou o missionário – disseram-me que por lá existem povos que se guerreiam uns aos outros, em lutas tremendas e seculares.

– Já não me refiro a essas expressões de selvageria – elucidou o mentor – porque esses movimentos dão uma nota de predominância dos instintos animais no planeta e falam do estado de ignorância daqueles que os provocam. Refiro-me aos próprios homens mais cultos que, em razão dessa circunstância, se encontram em condições de compreender mais amplamente os desígnios de Deus.

– De que morte falais então?

– Da morte dos erros. Na sua generalidade, os habitantes da Terra sempre se julgaram grandes senhores, com ampla soberania, sem qualquer ligação com a bondade de Deus. Alunos humildes, arrastando-se entre os bancos da escola que a Providência Divina lhes concedeu, se Jesus lhes faculta o poder político para exercerem a clemência, não raro se transformam em tiranos mesquinhos; se lhes confere a guarda do ouro, são avarentos sórdidos e infelizes; se lhes dá dinheiro, além do necessário, fogem ao trabalho; se lhes concede dons de inteligência, querem a dominação intelectual com pretensas originalidades e extravagâncias balofas; se alcançam uma nota de beleza física, perdem-se pela vaidade; se recebem autoridade, são orgulhosos e cruéis. São fundamente contraditórios. Quando o Senhor lhes abre as portas da oportunidade, a fim de que ministrem seus bens, mandam com despotismo e violência; quando recebem o ensejo sagrado de obedecer, estão revoltados e desditosos. Dentro de tais anomalias, essas almas se conservam mortas na carne por milênios sucessivos.

– Afinal, são grandes infelizes... – murmurou o missionário, com admiração.

– Sim, pela própria incúria – esclareceu o sábio. Mas Deus, que é infinitamente bom, apesar de tudo, não os desampara.

E deixando o olhar embeber-se nas luzes resplandecentes da paisagem, encerrou a sua alocução com esta palavra amorosa, tocada de santas experiências:

– Também já fui operário de Deus na Terra e lhe conheço os grandes obstáculos e desvios. É imprescindível toda a serenidade, onde os espíritos egoístas estão mortos em reencarnações sucessivas e dolorosas, onde os orgulhosos humilham os dons superiores, onde os sensualistas se julgam donos para sempre de um corpo miserável. É preciso entrar aí não com o espírito de disputa, mas com imensa piedade. Somente com a herança do Cristo é possível o triunfo nas missões de estar com todos esses irmãos fracos e infortunados, fazendo o bem no plano de cada um, a favor do despertar da alma, para buscar esferas mais altas!...

O missionário, que partia em demanda do orbe terrestre, mal perceptível, ao longe, envolvido num vasto lençol de fumo e pó, tomou a destra luminosa do mentor divino e osculou-a com veneração e reconhecimento. Em breves instantes, aqueles generosos amigos dos homens mergulhavam nos pesados fluidos de sua habitação cheia de sombras e amargas inquietudes.

Recebendo a lição no círculo humilde onde estaciona a minha alma, tudo vi, escutei e calei, a fim de transmitir a notícia aos interessados no momento oportuno.

Humberto de Campos

Reformador | Março de 1941

QUEM TEM OUVIDOS OUÇA

Aproximava-se a noite com seu leque de estrelas. Frente às águas marulhosas do Tiberíades, o Mestre descansava com os discípulos.

O grupo dos doze vinha de experimentar certas surpresas com o famoso sermão do monte. Nesse programa divino, Jesus salientara a necessidade de aplicação das ideias renovadoras do Evangelho, a fim de que o mundo conhecesse o labor dos bem-aventurados. Seu louvor aos aflitos, sua bênção aos pacíficos, sua palavra amorosa e doce aprovando os simples de coração haviam trazido novos sentimentos ao ânimo popular. Os companheiros, no entanto, lutavam ainda por aprender em toda a extensão os seus ensinos relativamente aos inimigos. As observações do Mestre, nesse sentido, pareciam-lhes impraticáveis e transcendentes. Como retribuir o mal com o bem? Como estimar os adversários, bendizer os ingratos, amparar os caluniadores?

Participando da perplexidade geral, André adiantou-se, quebrando-se o silêncio caricioso.

– Senhor, – disse, comovidamente – sinto que devo aproveitar este momento de paz para dissipar minhas dúvidas. Não sei se ouvi mal, entretanto, tive a impressão de haverdes aconselhado o máximo de complacência para com os inimigos quando instruístes a multidão com os últimos ensinamentos que dispensastes no monte. Se não me engano, recomendastes boa disposição de oferecermos a face direita quando alguém nos fira a esquerda... Mandastes bendizer os que nos perseguem e caluniam...

O Mestre pareceu meditar alguns momentos, fitou no discípulo os olhos muito calmos e falou:

– Repetirei minhas observações afetuosas para que não as esqueçais. **A vós que ouvis** digo: amai aos vossos adversários, fazei bem aos que vos aborreçam, bendizei dos que vos maldigam, trabalhai em favor dos que vos caluniem!

– Quão difícil será a perfeita execução de tudo isso! – exclamou o irmão de Pedro, com um suspiro.

– É preciso não esqueçais – replicou Jesus, com bondade – que falei "a vós que ouvis". Naturalmente que as minhas recomendações não se dirigem aos homens fracos de entendimento, ainda incapazes da reta percepção de minhas palavras.

E depois de uma pausa, em que todos os presentes se revelavam surpreendidos, o Mestre continuou:

– Se amardes tão-somente aos que vos estimam, que recompensa tereis? Se fizerdes o bem apenas aos que sejam bons para convosco, onde o mérito das vossas resoluções? Acaso os grandes pecadores não procedem assim? Os fariseus hipócritas não fazem o mesmo?

Ante as expressões firmes de sua lição sábia, André calara as demais indagações, enquanto os outros companheiros refletiam em silêncio.

– Tarde ou cedo – concluiu Jesus, com generosa serenidade – estareis convencidos de que permaneceis na Terra para uma tarefa diferente.

Esse acontecimento era recordado por nós, em grande reunião espiritual, no Rio de Janeiro, quando se verificou o fechamento das sociedades espiritistas, em caráter temporário, por determinação das autoridades policiais, no mês de abril último. A medida não desconcertara somente aos discípulos encarnados, cheios de ótimas intenções. Algumas entidades do plano invisível aos olhos naturais, que ainda não chegaram a tudo compreender, na sua indigência, e em cujo número me encontro eu, participariam, igualmente, da perplexidade que invadira o espírito geral. Eram portas generosas que se fechavam a sofredores e necessitados, por ordem dos que deviam assegurar o bem ao público; eram santos serviços adiados, possibilidades de socorro que se perdiam, oportunidades divinas que talvez não voltassem. Aos nossos olhos, a providência figurava-se descabida. Ante a nossa surpresa dolorosa, convocou-se uma reunião de grandes proporções para esclarecimento geral.

Um santo mensageiro das forças que amparam o Evangelho no Brasil nos veio assistir nos trabalhos que se faziam necessários. Compreendendo minha situação de pobreza espiritual, fiquei a um canto, observando os movimentos dos generosos amigos da coletividade carioca. O esclarecido emissário empolgou a nossa atenção por largo tempo, fazendo-nos sentir a grandeza da missão evangélica, cujos objetivos vão muito além da justiça, desdobrando-se nas regiões do amor infinito. Comentou brilhantemente a posição dos trabalhos dos novos discípulos, referindo-se aos irmãos infelizes que se atiram à exploração inferior, em nome de princípios sagrados.

Em dado instante, porém, um dos nossos companheiros mais apaixonados inquiriu, exclamando:

– Mas será justo o fechamento de casas tão respeitáveis

como essas em que se pratica a abnegação e a caridade!?! Não será tudo isso uma resultante da perseguição de médicos e sacerdotes?

O mensageiro sereno replicou:

– Com referência à tua primeira interrogação, devemos lembrar, com Paulo de Tarso, que tudo coopera para o bem dos que amam a Deus e quanto à segunda só nos cabe louvar e bendizer os que hajam contribuído para que os nossos círculos de ação recebam os benefícios justos, em nome do Senhor!

– Mas dói muito observar determinações semelhantes. – redarguiu o companheiro, algo desapontado. – Os espiritistas são amigos da renúncia, mantêm longos serviços de beneficência, são portadores de providências justas aos que sofrem...

– Entretanto, – admoestou carinhosamente o instrutor – a cruz deve ter infligido inomináveis padecimentos ao divino Enviado. Acaso ignoram os novos discípulos quanto lhes compete sofrer por amor ao seu nome? O aprendiz sincero do Mestre estará em luta de testemunho até o fim de seus dias materiais. Em todas as comunidades religiosas, apenas os bons praticantes são incomodados. Isso é a regra geral e os espiritistas devem estar satisfeitos por ser incomodados em massa!

O esclarecimento era convincente e irrespondível, porém, o interlocutor, o apaixonado companheiro recém-chegado dos labores do mundo revidou, com certa energia:

– Entretanto, temos de considerar o fundamento legal da decisão. A justiça deve ser igual para todos e falo aqui dos decretos propriamente humanos. Se há uma liberdade religiosa, será justo que os nossos amigos encarnados proclamem seus direitos. Além do mais, Jesus não aconselhou dar a Cesar o que é de Cesar e a Deus o que é de Deus?

– Sim, – disse o iluminado emissário, sem se perturbar – a

nossa tarefa não é a de recorrer a organismos transitórios da Terra, e sim a de exemplificar o amor, em atos de trabalho, dedicação e humildade. Os discípulos sinceros hão de saber encontrar a conformação, sem descurar as lições do Mestre. E se Jesus recomendou dar a Cesar o que é de Cesar, nunca se lembrou de mandar que Cesar nos desse o que é nosso, porque os bens que nos pertencem vêm de Deus!

O companheiro de lutas teve um sorriso de compreensão e calou-se. Foi após esse incidente que o magnânimo instrutor se referiu às perguntas de André e às respostas do Cristo, junto às águas formosas e mansas do maravilhoso lago de Genesaré, concluindo:

– Tarde ou cedo os espiritistas ficarão convencidos de que permanecem na Terra para uma tarefa diferente.[1]

Humberto de Campos

Reformador | Junho de 1941

[1] Segundo consta do original, a mensagem foi psicografada em 23 de maio de 1941.

Da direita para a esquerda, sentados:
Maria Joviano, Rômulo Joviano e Wanda Amorim Joviano.
De pé: Chico Xavier. Fotografia feita nos jardins da
Fazenda Modelo nos anos 40.
O cãozinho é o Fly, de estimação da família Joviano.

1943

FORTALEZA, DEUS TE ABENÇOE!

Cantando hosanas na alma agradecida,
Sentindo as luzes de outra natureza,
Venho até vós, trazendo a Fortaleza,
Minha grande saudade comovida.

Nesta terra de sonho e de beleza,
Onde a bondade é fonte irreprimida,
Encontrei reconforto à minha vida,
Embora a sombra, a lágrima, a aspereza...

Nestes campos de paz e de esperança,
As árvores do bem e da abastança
Frutificam sem sombras e escarcéus.

Fortaleza, que Deus te ampare ao colo,
Desde as pedras que brilham no teu solo
Às estrelas que fulgem nos teus céus!

Eugenio Detalonde[1]

Reformador | Abril de 1943

[1] Consta de *Reformador*, segundo informações de L. Bastos, quem enviou a mensagem ao periódico, que o espírito comunicante foi juiz de Direto, já há 15 anos desencarnado naquela capital. Chico Xavier psicografou o soneto em 25 de janeiro de 1943, em Fortaleza, Ceará, numa sessão de grupo espírita daquela cidade.

LEMBRANÇA

Ismael, Deus te abençoe,
Trazendo-te ao coração
Os júbilos do trabalho
Em luzes de redenção.

Nunca julgues que te esqueço.
No altar de minhas lembranças,
Vives sempre nas saudades
Do meu jardim de esperanças.

Ah, meu querido, o sepulcro
Não passa de mero umbral
Que se dirige ao país
Da vida espiritual.

Embora a beleza augusta
Da morada que me abriga,
Sinto falta da ternura
De tua bondade amiga.

A morte que nos transforma,
Que alivia a nossa dor,
Não aniquila a saudade
Nem apaga o nosso amor.

Quando Jesus me permite,
Relembro, sempre ao teu lado,
Nossas flores de outro tempo,
Nossas lutas do passado.

Nas bênçãos de teu trabalho,
À luz da meditação,
Recebo-te os pensamentos
E dou-te o meu coração.

Como vês, as nossas cartas,
Nossa velha convivência,
Continuam sempre ativas
Em santa correspondência.

Não sofras, nem desanimes
Nos serviços da verdade.
Deus ampara os teus labores
De paz e fraternidade.

Recorda que o Cristo amado
É o sol que nos ilumina.
E lembra que estamos unidos
No lar da união divina.[1]

Abel Gomes

Reformador | Maio de 1943

[1] Segundo consta do original, o soneto foi psicografado em sessão pública, sem referência de data, do Centro Espírita Luiz Gonzada, em Pedro Leopoldo, Minas Gerais, e dirigido a Ismael Gomes Braga, presente na ocasião. O espírito comunicante era seu tio e amigo íntimo.

RECORDAÇÃO

Meu caro Ismael, meu filho,
Lembro, olhando o céu de anil,
O Porto de Santo Antônio
Nas noites do mês de abril!

Passavam brisas cantando
E as aves, fugindo a medo,
Recolhiam-se, amorosas,
Nas ternuras do arvoredo.

No firmamento, a beleza,
O azul, a calma, a bonança!...
Na terra, a tranquilidade
Que nasce da confiança.

Na família, estava o campo
De doce felicidade,
Todo aberto em primaveras
De alegria e de amizade!

E agora que vivo aqui,
Sem sombra ou paralisia,
Rogo a Deus a paz de todos,
Como outrora acontecia.

Que em tudo por lá floresça
O bem que ignora o mal
No serviço generoso
Da vida espiritual.

Que Jesus conceda a todos
A bênção de luz infinda,
Que haja paz nos corações,
Como há paz na noite linda!

Oh, Porto de Santo Antônio,
Castelo de amigos meus,
Vivamos fraternalmente
Unidos no amor de Deus![1]

Abel Gomes

Reformador | Maio de 1943

[1] Segundo consta do original, o soneto foi psicografado em sessão pública, sem referência de data, do Centro Espírita Luiz Gonzada, em Pedro Leopoldo, Minas Gerais, e dirigido a Ismael Gomes Braga, presente na ocasião.

Ismael Gomes Braga.

1944

ROMARIA DOS MORTOS

Também nós vimos, hoje, em **romaria**,
Da luz do mundo dos desencarnados,
Visitar nossos mortos bem-amados
Que palmilham a estrada erma e sombria.

Hoje foste à lousa escura e fria
Na saudosa lembrança dos "finados",
Mas sois vós nossos mortos sepultados
Nos sepulcros de carne e de agonia!

Na parada de dor dos cemitérios,
Passa, à luz de dulcíssimos mistérios,
A generosa e santa caravana...

São os vivos dos mundos da verdade
Que choram sobre os mortos na impiedade
Do campo santo da miséria humana!

A. de Guimarães

Reformador | Novembro de 1944

[1] Soneto citado e reproduzido também na obra de evangelização infantil "Ser espírita é...", de Ricardo Plaça, disponível na internet no endereço <http://pt.slideshare.net/RicardoPlaa/crbbm-ser-espirita-e-juvenil-espiritismo>. Acesso em: 25 ago. 2014.

Pedro Leopoldo, Minas Gerais, em 1939
– Vista parcial do lado norte.

1945

NA DESENCARNAÇÃO DE ALLAN KARDEC

● ● ● E esgotara-se o cálice das dores,
Não mais o rumo incerto em noite imensa...
E o semeador do bem, da paz, da crença
Volta ao plano dos grandes semeadores.

À distância da carne escura e densa
Vê descerrar-se um mundo de esplendores
E na estrada miríf ica de flores
Fulge o sol do Senhor, que o recompensa.

Alguém avança... É o grande Nazareno,
É Jesus, todo amor, de olhar sereno,
Que lhe consagra o dia da vitória!

E **Kardec**, chorando de alegria,
Parte para as mansões do Eterno Dia
Entre cantos e júbilos de glória![1]

Abel Gomes

Reformador |Abril de 1945

[1] Segundo consta do orignal, o soneto foi psicografado em Pedro Leopoldo, Minas Gerais, no dia 31 de março de 1945, data em que se relembra o retorno de Allan Kardec à pátria espiritual, em local referenciado pelo articulista, Ismael Gomes Braga, que assina a matéria com o seu pseudônimo Cristiano Agarrido, como "ilha pitoresca, próxima da cidade, (...) ao ar livre, à sobra de grandes eucaliptos".

PROSSIGAMOS UNIDOS!

Meu caro amigo, você acabou de falar dos trabalhos de Conan Doyle nas organizações da esfera próxima...[1]

Você fez bem. Agrada-nos ouvir alguém, mormente quando esse alguém se liga aos nossos corações pelos laços afetivos, tratando de problemas espirituais que despertam as consciências. Nós trabalhamos juntos, Ismael, e a possibilidade de enviar-lhe notícias é muito agradável para mim.[2]

O Espiritismo vai evoluindo muito, o plano superior tem trazido muitas realizações novas para o homem e à medida que o homem se prepare, frente à renovação moral para a vida mais alta, é de esperar-se que a revelação lance nova luz no entendimento terrestre.

Antigamente, tínhamos nossas pequenas discussões e longe estava de pensar que viria a confirmar-lhe a sobrevivência. Aí no mundo de sombra, tudo é tão breve! A morte, porém, transformou a paisagem completamente, embora não tenha alterado o meu modo de ser. Ainda estou lutando com as vaidades pequeninas do coração e com os defeitos grandes de minh'alma. Você me compreenderá sem esforço. Alimentava certas preocupações de esposa e mãe que me

---

[1] Arthur Ignatius Conan Doyle, nascido em Edimburgo, Escócia, a 22 de maio de 1859, e falecido em Crowborough, a 7 de julho de 1930, foi um médico e escritor reconhecido mundialmente no campo da literatura criminal com o seu personagem Sherlock Holmes. Seus trabalhos literários incluíram novelas de época, peças teatrais, romances, poesias e obras de ficção e não-ficção. Tornou-se espírita a partir do ano de 1887, com a desencarnação de familiares próximos, como segunda esposa, filho, irmão, cunhados e netos, encontrando consolação na Doutrina Espírita, a qual passa a estudar e a discorrer em livros e palestras. [2] O espírito comunicante, Joaquina Magalhães, que assina "Quininha", foi médium do Grupo Ismael, do qual Ismael Gomes Braga fazia parte.

ocupavam o pensamento. Não cheguei aqui, de modo algum, com aquele heroísmo do meu pai ou com a serenidade da Estevina.[3] Eles estavam mais livres, mais fortes. Os elos sentimentais com a Terra nos enfraquecem muito aqui, onde nos encontramos. É preciso grande equilíbrio para ser feliz à distância dos que nos prendem, de certo modo, o coração. Faço, porém, o meu curso de libertação interior e estou esperançosa de alcançar resultados compensadores.

Você está comentando a nossa esfera... Não haveria de acreditar, em outro tempo, que viria prosseguir aqui nos meus humildes trabalhos mediúnicos. Em nossa região, temos grande necessidade de desenvolver o intercâmbio com os planos superiores. Temos o nosso lar, as nossas atividades e as nossas reuniões íntimas, intensificando o aprendizado na recepção do pensamento superior. Não estamos circunscritos à felicidade doméstica propriamente dita. Temos muito e variado serviço. Por falta de termos analógicos, deixo de referir-me a detalhes. Creia, entretanto, Ismael, que a morte do corpo é simples diferenciação vibratória. A vida continua sempre! Mais bela, mais rica, todavia, sem saltos milagrosos de um degrau para outro. As estações externas do progresso são sempre mais lindas, no entanto, meu amigo, é muito lamentável para nós a permanência em quadros inferiores do plano interno. O reino de Deus, como no-lo ensina o Cristo e como você reafirma, é construção imprescindível dentro de nós. De nada vale a riqueza intelectual quando nos faltam os tesouros do sentimento. É mais sublime a existência reta no plano mais obscuro entre os homens que a experiência ricamente entrajada de valores verbalísticos nos pináculos da convenção humana.

Ismael, meu amigo, são tantos os benefícios nascidos do coração dedicado a Jesus que me permito fazer aqui esses apontamentos. O Espiritismo é uma fonte simples, de onde

---

[3] Em referindo-se ao pai, Estevão Ferreira de Magalhães, e à irmã, Estevina Magalhães, também conhecida como Vivina, que igualmente fora colaboradora e aluna de Ismael Gomes Braga em Espiritismo e Esperanto. Era taquígrafa, à época atividade rara no Brasil, e para exercitarem-se ela e Ismael só se comunicavam por meio da taquigrafia.

jorram aquelas "águas-vivas" que saciam toda a sede. E quando voltamos para cá entendemos isso muito melhor! Aí na Terra a vaidade humana criou muitas teorias à margem da verdade. Basta, porém, trilhar o caminho substancial da Revelação para atingirmos, de fato, o mundo maior. Estamos satisfeitíssimos com o trabalho que você está desenvolvendo no campo doutrinário. Como pode observar, nós ambos temos melhorado muito – você como o estudioso da verdade e eu como médium dela mesmo. **Prossigamos unidos!**

Vivina lembra-se de você constantemente e a sua tarefa tem sido acompanhá-lo de mais perto, no campo da assistência indireta e fraternal. Não pôde escrever-lhe, mas me pediu para dizer-lhe que está inventando um sistema de taquigrafia luminosa para fazer os mais lindos sinais ao seu coração. Esperemos!

Meu pai abraça-o. Somos aqui tantos os Magalhães, que voltamos em poucos anos, que a nossa casa espiritual tomou vulto significativo! É uma felicidade compreender e zombar sinceramente da morte!

A todos consigno as minhas lembranças afetuosas. Aqui falou o coração da amiga. Na qualidade de esposa e mãe, não me é permitido algo dizer. Dirá você, talvez, que o controle é rigoroso, mas não pode ser de outro modo. A ordem divina não deve ser alterada pelos nossos desejos humanos.

Adeus, meu amigo! Que o Senhor o guarde no verdadeiro caminho da redenção,[4]

Quininha

Reformador | Maio de 1945

[4] Mensagem psicografada em reunião pública do Centro Espírita Luiz Gonzaga, em Pedro Leopoldo, Minas Gerais, no dia 2 de abril de 1945, data em que Chico Xavier completava 35 anos de idade. Foi a primeira comunicação de Quininha, após 15 anos de seu desenlace. Segundo o artigo que integra a psicografia, esta foi a última de uma série de mensagens recebidas pelo médium durante a sessão.

NA ESTRADA DA EVOLUÇÃO

Meu querido Ismael, Deus nos abençoe.

Somente agora, quando me disponho a falar-te mais intensamente, percebo a infinita dificuldade para uma conversação entre dois mundos! Oh, meu caro, é difícil, muito difícil! É preciso conhecer, como conheci, a paralisia dolorosa para compreender esta angústia de converter a inércia em movimento, porque, em verdade, levando a efeito o trabalho comparativo, a palavra humana simboliza a morte diante do verbo de nosso intercâmbio na vida espiritual!

De qualquer modo, porém, é preciso vencer as resistências, atenuar os obstáculos, estabelecendo acordos entre as manifestações desarmônicas. É pálida qualquer exteriorização de nossas realidades que me proponha a oferecer-te. Conforta-me, porém, a certeza de teu carinho, a elevação de tua confiança e entendimento.

Mundos imensos de considerações afloram-me no cérebro para que eu te transmita o noticiário daqui, com todas as minudências que nossos corações desejariam. No entanto, as limitações são tremendas, meu amigo, e contento-me com o simples relatório afetivo de meu infinito amor e de minha ternura fiel pelo teu campo de realizações. Com o auxílio divino, venho dilatando meus conhecimentos e aprimorando sentimentos, preparando-me para o futuro de nossa união.

Minha maior alegria, Ismael, quando voltei, verificou-se com a reintegração de minha saúde. Oh!... Quando pude mover-me, quando me desprendi da cruz que me retivera por longos anos, então senti, de muito perto, a bendita influência d'Aquele que deu vista aos cegos e curou os paralíticos! Profundo júbilo assenhoreou-se-me do coração e o beijo da liberdade, que a morte me trouxera, recordava a grandeza da Bondade Divina. E quis voar para junto de todos os que amo, e quis aproximar-me principalmente de teu coração para comunicar-te as alegrias de minha ressurreição! Todavia, reconheci que pesada fronteira nos separava então, e fui obrigado a caminhar em outro rumo...

Quantas interrogações te sugerem estas minhas palavras! Eu sei que entre nós os laços de amizade sempre foram sagrados como os que existem entre um filho e seu pai. E por isso, Ismael, desejaria atender-te a todas as observações. Mas as limitações continuam aqui, entre nós, bem fixas no papel frágil e no lápis incapaz, que não suporta as definições atuais de nossas realidades mais belas!

Minha mãe esperava-me. E que poderia eu desejar senão seu regaço amoroso e acolhedor? Ah!... Em vão me esforçaria por dizer-te tudo! Outros amigos estenderam-me, mais tarde, a sua colaboração e retemperando energias no ambiente novo guardei um pensamento exclusivo: o de fortalecer-me para fortalecer-te!

Não penses que meu espírito vivesse infenso ao teu carinho! Tuas cartas alimentavam-me o coração, teu afeto orvalhava-me o íntimo, fazendo desabrochar as flores da esperança no terreno árido de minhas ilusões fenecidas. Novos horizontes se abriram para mim, entretanto, o nosso antigo afeto persistia dentro de meu ser. A beleza da esfera diferente, os céus maravilhosos, a campina multicor sob a atmosfera radiante, onde me haviam preparado o repouso, não me faziam esquecer-te! Contudo, meu filho, não obstante as maravilhas exteriores, mais que nunca encontrei a mim mesmo. A morte do corpo libertara-me a alma oprimida na provação expiatória, mas não realizara o milagre que eu esperava. Meu nível mental não demonstrava alterações, meus sentimentos eram os mesmos. Terminara a curva no caminho redentor, de que tivera necessidade para apagar certas nódoas de meu pretérito obscuro, mas ao retomar **a estrada real da evolução** verifiquei que precisava desdobrar-me em serviços novos para melhorar a posição que me era própria. Daí, meu caro, as minhas considerações iniciais. Não constituindo a morte o banho miraculoso de sabedoria e iluminação, era obrigado a descobrir os meus próprios recursos, a fim de aprimorar os escassos valores que havia adquirido. Então compreendi a sublimidade do Espiritismo, que nos traça um roteiro de atividades progressivas nos caminhos das lutas humanas, e percebi o valor do indivíduo na obra de Deus. Somos, nós mesmos, os arquitetos de nossos destinos, os construtores de nossa felicidade ou de nosso infortúnio, os senhores do "mundo de nosso ser", e sem que nos transformemos para a esfera superior, sem o esforço da conversão para o Cristo – que tem sido para nós um mito distante e não um Mestre próximo – não poderemos alcançar o cume de nossos idealismos edificantes. Semelhante revelação encheu-me de coragem e, como o lavrador corajoso, ataquei o serviço de minha semeadura nova. Não se passou muito tempo e o Senhor permitiu que me reaproximasse de teu trabalho.

E aqui estou, Ismael, para reafirmar-te a beleza de nossa ligação espiritual. Minhas palavras não chegam a formar um atestado insofismável de sobrevivência, mas há o coração que fala e o coração que ouve. Sabes que estamos juntos, não só em virtude dos traços escuros que cobrem o papel, mas também pela espiritualidade que transborda na alegria recôndita de nosso reencontro mais direto!

Volto, meu filho, para rogar-te a continuidade do esforço, do trabalho, da coragem! Sigo-te, de perto, o isolamento interior e as grandes horas do desalento angustioso. Não te aflijas. Outra rota não existe para todo aquele que se coloque a caminho do calvário da libertação. É muito fácil "devorar" as planícies, mas sempre difícil escalar os montes. E a procura da fé, a integração perfeita com os planos mais altos representam uma subida efetivamente dolorosa. Tem paciência e prossegue. Haverá dias de luta, noites de tempestade. Pedras e espinhos atapetam a senda, mas a Força Divina ampara o procurador fiel da verdade, porque essa fidelidade traduz amor sincero e ardente do bem.

Meus votos de prosperidade à tua missão no Esperanto que polariza, no momento, as nossas energias e ideais. A tarefa, com o teu devotamento, está sendo coroada de êxito amplo. Por agora, é preciso suportar o riso dos ironistas, a aspereza dos ingratos, a indiferença dos endurecidos. Os fariseus do templo não são personalidades circunscritas aos círculos religiosos. Movimentam-se em todos os lugares, dentro da pauta dos preconceitos e convenções. É necessário ajudá-los com o nosso entendimento construtivo, como quem conhece as infantilidades dos mais jovens e a sagacidade lamentável dos que se prendem ao cárcere da razão sem luz. Os livros que a Casa de Ismael vem lançando, sob os auspícios do Alto, são bases do edifício futuro. Não importa que as sementes ofereçam apenas mais tarde a beleza da floração e as magnificências da colheita. Fixando a figura do Cristo, trabalhador divino do mundo desde muitos milênios consecutivos, encontraremos serenidade para todas as edificações elevadas e redentoras.

Os nossos amigos Magalhães são teus colaboradores assíduos. A Estevina continua na posição de companheira abnegada de teus serviços neste mundo, embora sua atuação se verifique em plano quase oculto, atendendo a circunstâncias especiais. (...) São inúmeros os assuntos que ficam aguardando oportunidade.

Não posso ser mais extenso. Cultiva, Ismael, acima de tudo, o coração. Lembra-te que o valor positivo da fé não procede tão-somente das equações intelectuais. Prepara-te, edificando, cada vez mais, os teus sentimentos.

Distribui as minhas lembranças com a filhinha e o Lauro, Aldana e tua mãe, estendendo-as a todos os que permanecem conosco no sagrado caminho da redenção. E pedindo a Jesus pela tua elevação constante, abraça-te, com toda a alma o teu, da Eternidade,[1]

Abel

Reformador | Junho e julho de 1945

[1] Segundo consta do original, a mensagem foi psicografada em 29 de março de 1945, sem referência de local. Como já dito em nota anterior, Abel Gomes era tio de Ismael Gomes Braga. Colaborador nas atividades espiritistas e do Esperanto, também privava de sua intimidade. A título de curiosidade, Abel Gomes padeceu nesta encarnação de paralisia por mais de 30 anos e desencarnou quase cego. Ditou, pela mediunidade de Chico Xavier, e de outros médiuns da época, vários poemas doutrinários em Esperanto. Na oportunidade, estava sendo promovido o X Congresso Brasileiro de Esperanto, que tinha Ismael Gomes Braga como secretário-geral.

Pedro Leopoldo, Minas Gerais, em 1939
– Vista parcial do lado sul.

1946

AO MISSIONÁRIO DA ORDEM

Meu amigo, meu irmão, que o justo Juiz te ilumine a inteligência e fortaleça o coração.

Não te falta o socorro e é por isso que te pedimos prosseguir, sem desfalecimento, na missão de que foste revestido pelo Supremo Poder. Sabemos que as tuas noites são cheias de vigílias dolorosas. Assombram-te, muitas vezes, os quadros do caminho redentor, repleto de responsabilidades diversas. Não temas, porém. As tuas provações de homem, no campo doméstico, e os infinitos cuidados que te impõe a vida social são bem pesados, bem o reconhecemos. Entretanto, é preciso serenar o coração e seguir avante.

A missão de julgar é efetivamente angustiosa para quantos receberem de Jesus mais avançadas concepções do direito humano. O juiz reto sofre amarguras interiores e experimenta aflições de toda sorte, porque a conceituação de humanidade encontra, em seu raciocínio e em sua sensibilidade, esfera mais vasta para a necessária dilatação. Contudo, não podemos prescindir d**os missionários da ordem**. A toga é sagrada na medicação do organismo coletivo e há que examinar a heterogeneidade dos caracteres, na estrada da evolução, para compreendermos semelhante exigência. É por essa razão que te rogamos calma e coragem no desempenho dos teus deveres humanos e divinos. Aceita as injunções do teu cargo à maneira de embarcação no oceano encapelado à procura do porto de tua paz íntima. Os padecimentos intelectuais que te perturbam frequentemente, nesse mister, decorrem do passado distante, que, muitas vezes, julgaste sem maior consideração.

Conheceste o tormento de todos aqueles que lavram sentenças imponderadas e iníquas. É por esse motivo que a tua situação, embora honrosa e digna, constitui doloroso sacerdócio para a tua alma sensível. Segue, todavia, com a lâmpada do Cristo nas mãos operosas. Essa claridade sublime que brilha, sem ofuscar, iluminar-te-á os olhos inteligentes na emissão de todos os despachos que a Justiça reclama de tua mente.

No exame dos processos mais comuns, lembra-te, meu irmão, que amigos abençoados te auxiliam e orientam, cooperando em tuas reflexões e despachos fraternos. Tenha a calma e a ponderação como duas conselheiras permanentes de teu caminho e encontrarás sempre a porta de Jesus tocada de sublimes inspirações para o teu espírito sinceramente interessado em servir ao divino Mestre. Procura o aspecto mais nobre, o ângulo mais elevado, a particularidade mais digna no desdobramento de teus esforços, no campo da luta construtiva. Entretanto, se é preciso salientar a grandeza da absolvição, que liberta e restaura, não podes igualmente esquecer que o organismo social do mundo ainda apresenta zonas enfermiças e cancerosas. E o sacerdote da ordem e da segurança, em numerosas ocasiões, é compelido a desempenhar as funções do médico – isolando e amputando, curando chagas e sanando deformações. Em todas as minudências do caminho, procura o amparo da Inspiração Divina, que te segue de perto, através de companheiros leais, desde muitos séculos, associados ao teu espírito na obra de redenção.

Adeus. E que a paz do Senhor habite em teu coração, como o mais precioso dom de vida eterna, são os votos do amigo e servo humilde,[1]

Emmanuel

Reformador | Abril de 1946

[1] Segundo consta do original, a mensagem foi psicografada em 14 de março de 1946, sem referência de local, e foi destinada ao Dr. Lafaiete Dutra Ateniense, juiz de Direito da Comarca de Piranga, no Estado de Minas Gerais, que a enviou a *Reformador* para publicação.

NENHUM ESFORÇO NOBRE É PERDIDO

Ismael amigo, Deus te guarde o coração no campo da luta.

É um consolo suave rememorar o pretérito, de espírito voltado para o futuro, através do trabalho e da realização em cada dia. Não precisamos, meu caro, estacionar em lamentações pelos companheiros que se distanciaram do serviço, nem comentar, sentidamente as incompreensões daqueles que ainda hoje fogem amedrontados da esfera de luta. Apraz-nos tão-somente a permuta do nosso abraço cheio de fervorosa confiança nos tempos do porvir. E é com alegria que te conchego ao coração nestes momentos rápidos de reencontro para dizer-te do meu júbilo de companheiro. O velho guarda-livros de Ubá vem reverenciar-te a valorosa coragem. O companheiro dos anos que passaram regressa do mundo maior para expressar-te a mesma confiança afetuosa de todos os dias.

Esperanto e Espiritismo foram as duas aspirações maiores de minha vida última e vejo com alegria que são as duas causas supremas de teus sonhos de realizador. Continuemos, Ismael, na edificação da fraternidade espiritual. Se a vida não cessa, o trabalho é também permanente e incessante.

Ainda não encontrei motivos para buscar o descanso beatífico dos que olvidam as realizações para a eternidade. Colmeias imensas de trabalhadores movimentam-se aqui, estruturando celeiros de luz e sabedoria, amor e paz, com vistas à humanidade encarnada e desencarnada. A escada evolutiva suporta bilhões de seres em diferentes degraus. Escolas diversas multiplicam-se ao infinito. Círculos de trabalho sucedem-se uns aos outros, interminavelmente. Como é possível, meu amigo, fugir ao grandioso espetáculo do serviço? Por que processo tentar o acesso ao paraíso dos que repousam em suposta paz sem fim se apelos à luta edificante surgem de todos os lados? Nosso maior desejo, na espera atual de serviço, é o fazer sentir aos companheiros encarnados o caráter sublime do esforço gradativo e incessante. O plano divino foge às interpretações apressadas dos homens, ainda mesmo quando esses homens sejam apóstolos da filosofia puramente humana. A morte do corpo faz-se acompanhar de revelações mais altas e mais vastas. A existência secular reduz-se à gota minúscula de tempo e só a realização espiritual, eterna e sublime, pode atingir a verdadeira sabedoria, conferindo ao homem sua herança de divindade.

Nós, os companheiros esperantistas e espiritistas, prosseguimos na luta abençoada, incentivando a fraternidade humana e a redenção espiritual. Podes crer, meu amigo, que **nenhum esforço nobre é perdido**, nenhum trabalho para o bem escapa à justiça das compensações naturais. Quanto estiver em tuas mãos e possibilidades, distribui o entusiasmo, a esperança e a alegria no grande campo do Esperanto e do Espiritismo no Brasil.

Aqui se forma diferente mentalidade para a Terra do milênio futuro. Novas expressões de espiritualidade renovadora surgirão no recanto planetário que nos é tão querido, sazonando o fruto da compreensão humana. O mundo tem sede de união e de universalismo. As igrejas, ainda mesmo as de bases cristãs, cerram-se no sectarismo político e religioso, impedindo o acesso das almas ao manancial da divina Revelação. Rios de ouro correm entre as nações mais poderosas, como torrentes de riquezas banhando continentes de condenados. Faltam a fé viva, a esperança redentora e a certeza da vida vitoriosa. E o Esperanto e o Espiritismo constituem as duas alavancas do porvir no terreno da legítima aproximação fraternal entre homens e povos.

Trabalhemos, pois, meu amigo, ainda e sempre! Recordemo-nos de que o Mestre dos mestres até hoje trabalha mais intensivamente que todos os apóstolos do bem reunidos no mundo inteiro! Ondas de renovação surgem de toda parte. Algumas trazem consigo suor e lágrimas, desenganos e golpes aparentemente fatais. É a reconstrução necessária, a reestruturação planetária, cuja obra, em verdade, ainda não terminou. Unamo-nos, pois, em Cristo, o divino Condutor, que nunca desfalece. A noite ainda é muito espessa, entretanto, não podemos duvidar da aurora próxima. Que sejas, meu amigo, o trabalhador otimista e devotado de sempre, suportando as responsabilidades da hora que passa, como quem transporta bandeiras de alegria e luz para os exércitos da fraternidade terrestre que desfilarão no radioso amanhã da humanidade.

São os votos do velho amigo de todos os tempos,[1]

João Ernesto

Reformador | Julho de 1946

[1] Segundo consta do original, a mensagem foi psicografada em 11 de abril de 1946, sem referência de local. Desencarnado em 5 de outubro de 1914, João Ernesto, nascido em Ubá, Minas Gerais, foi um pioneiro do Espiritismo e do Esperanto, sendo seu divulgador incansável, principalmente entre os pobres. Autodidata, foi guarda-livros, famoso maestro e compositor, poliglota, e vezes sem conta atuou como promotor de Justiça por nomeação dos juízes de Direito de sua cidade natal. No início do século XX, escreveu para os jornais *O Cinzel*, *A Folha do Povo*, dentre outros, textos sobre Espiritismo e Esperanto, além de livros sobre esses assuntos, sob o pseudônimo "Discípulo de Jesus". Da data da recepção da mensagem e sua desencarnação haviam se passado 32 anos.

TESTEMUNHO DE CONFIANÇA NO CAMPO DA FÉ

Você, meu amigo, entusiasma-se, com razão, observando o número de espiritistas recenseados em 1940, fronteira adentro de nossa terra. Quase meio milhão de pessoas declararam-se francamente convencidas. Mais de quatrocentos e cinquenta mil criaturas manifestaram-se conosco. Efetivamente confortadora a verificação, mormente quando sabemos que milhões de simpatizantes e amigos de nossa causa permaneceram ausentes da confissão formal, atentos à muralha pesada do preconceito. Árvores menos robustas necessitam ainda do concurso do tempo para afrontarem, com êxito, a tormenta da opinião.

Contudo, quase quinhentos mil corações intrépidos não vacilaram e trouxeram seu testemunho de confiança no campo da fé, representando respeitável vanguarda de obreiros do futuro. Realmente, a prosperidade do Espiritismo no Brasil fere a atenção dos mais insensíveis. Reconhecendo, porém, a extensão dos serviços de espiritualidade, meu coração inclina-se, reverente, suplicando a Jesus o socorro necessário.

Sabe você que não fui na Terra um companheiro militante. Perdido no cipoal do pedantismo literário, meu horizonte mental noutro tempo não abrangia senão o campo enganador das gloríolas efêmeras. A morte, no entanto, demonstrou-me a importância do ideal espiritista no reajustamento do mundo. Semelhante descoberta, porém, se é portadora de alegria e reconforto, não traz consigo quietude ou despreocupação. Desconhecerá você, porventura, que a fé reclama laboriosos testemunhos de trabalho em seu processo evolutivo? Estabelecer programas de atividade espiritualizante não constitui obra do acaso. E se é indiscutível a assistência do plano superior à nossa edificação consoladora, somos compelidos a reconhecer a necessidade de adaptação na esfera humana.

Em verdade, não estamos à procura de sacerdócio organizado. Prescindimos dos templos de pedra para atender às realizações do sentimento. Longe das afirmativas dogmáticas, buscamos a construção do santuário vivo na consciência, onde possamos receber a inspiração divina, dentro da liberdade e da confiança. Essa independência, entretanto, é a nossa emancipação das fantasias grosseiras com que lisonjeamos a própria inferioridade. É a liberdade de não fazer o mal, com o ensejo bendito de obediência aos desígnios superiores. Essa confiança não é a cegueira do fanatismo louco que, até hoje, assinala o culto das religiões sectaristas. É a noção de responsabilidade peculiar a cada um de nós, com o otimismo de quem valoriza o tempo e as concessões divinas em bênçãos de trabalho e paz santificantes. Nossos conceitos de Evangelho não se circunscrevem à pompa verbalística, não se limitam ao florilégio teológico. Amplificam-se na esfera dos corações, gravando ensinamentos e acendendo luzes no espírito eterno. Não permanecemos simplesmente empenhados nas demonstrações da sobrevivência individual, sem substância de espiritualidade para a missão renovadora, em que nos irmanamos aqui e agora. Não constituímos legião de curiosos, exigindo provas que nos satisfaçam as vaidades da inteligência e, sim, compacta vanguarda de trabalhadores interessados na reestruturação da fé viva, em ligação permanente com os planos mais altos a serviço do mundo melhor.

Atentos a esse imperativo da missão histórica do Espiritismo evangélico no Brasil, o recenseamento não traz apenas o júbilo da expressão numérica. Dá-nos a conhecer a imensa responsabilidade dos operários admitidos à obra gigantesca, obra que cresce indefinidamente neste século atormentado.

Quase quinhentos mil corações, na frente do combate espiritual, com armas de amor, operando em benefício da retaguarda de milhões! Sim, meu amigo, regozijemo-nos e aguardemos o porvir, confiantes na Providência Divina! Convictos, no entanto, de que o Infinito Bem não se pode manifestar na Terra sem o concurso dos homens bons, ajoelhemo-nos no templo do espírito e peçamos ao Senhor nos abasteça de luz!

A produção de recursos espirituais não se efetua ao sabor das circunstâncias. Improviso e favor não constam do divino serviço. Indispensáveis são o esforço próprio, o trabalho incessante, a cooperação fiel.

E diante dessa legião de brasileiros que confiaram no Cristianismo redivivo, que aguarda conosco a Terra aperfeiçoada, ao sagrado influxo da fé transformadora que nos reúne as atividades, recordo-me da multidão que seguia o Senhor, há quase dois mil anos. Os quatro escritores dos Evangelhos concordam em asseverar, narrando o quadro de imorredoura beleza, que o Mestre multiplicou os pães de seu amor, dividiu-os, sabiamente, mas não distribuiu a graça em ação direta. Entregou-a aos discípulos para que a espalhassem com os seguidores esperançados e famintos. Segundo os evangelistas, compunha-se a multidão de quase cinco mil pessoas. No Brasil atual, contamos com quase quinhentas mil, decididas a receber "o pão que desceu do céu".

Grande é o nosso júbilo, extensa a nossa esperança, porque sabemos que o Senhor prossegue multiplicando as bênçãos de sua inesgotável misericórdia! Considerando, porém, que Jesus necessita de colaboradores vigilantes, comove-nos e assombra-nos a responsabilidade desta hora, e suplicamos, em vista disso, às Forças Divinas despertarem os aprendizes distraídos ou ausentes para que nos reunamos todos no mesmo banquete de fraternidade e entendimento, levando a efeito a distribuição do pão vivo e sublime, em nome d'Aquele que, sendo a luz dos séculos, é o sol de nossos corações!

Irmão X

Reformador | Novembro de 1946

1947

Chico Xavier nos anos 40.

NO IDEAL DE FRATERNIDADE COM O ESPERANTO

Meu estimado Ismael, Deus nos ilumine.

Passa o tempo. A amizade e a confiança, contudo, persistem invariáveis. Irmãos **no ideal de fraternidade com o Esperanto** e companheiros de fé viva, com o Espiritismo, não te perdi no quadro das reminiscências trazidas no campo terrestre. Muitas vezes, embora não me surpreendas a colaboração indireta, demoro-me contigo, trabalhando na causa que nos identifica.

Que dizer-te, meu amigo, senão repetir o apelo do plano superior que nos incita a prosseguir? Há mais de quinze anos, no campo da vida nova a que fui arrebatado, asservero-te que vale a pena sofrer aí no mundo carnal pela extensão da verdade e do bem.

Podemos mobilizar inúmeros recursos materiais no solo do planeta, desempenhar papéis importantes nas associações humanas, propriamente consideradas, no entanto, Ismael, creio agora que todo esse esforço de relevo da personalidade do mundo não passa de curso preparatório do espírito. O serviço que realizamos com a nossa alma, de coração para corações, as sementes de luz que possamos espalhar, os benefícios efetivos que sejamos suscetíveis de distribuir na esfera das edificações imperecíveis constituem ministério santificante que se valoriza intensamente na mudança de casa que nos é imposta pelo sepulcro. Examinando com imparcialidade os dias que se foram, reconheço, meu irmão, que coisa alguma pude fazer na execução do programa sublime de trabalho confiado ao nosso esforço. Fui servo tolhido por enormes impedimentos, embora a boa vontade que me animava o coração, único título que podia apresentar aqui, em minha defesa. Bastou, porém, esse propósito firme de trabalhar para que a Divina Bondade me amparasse o espírito. A centelha do meu sincero desejo de ser útil mereceu a complacência de nossos maiores da Espiritualidade Superior e rejubilo-me agora com a tarefa de contribuir, palidamente embora, nos desdobramentos dos misteres que o Espiritismo nos trouxe. Unamo-nos, irmanando raciocínios e sentimentos no trabalho com o Cristo. É indispensável que o otimismo nos lave a mente todos os dias! Por mais negros que sejam os quadros do mundo atual, é necessário compreendermos a partilha da responsabilidade. Seria, porventura, mau o plano em que nos movimentamos se fôssemos, individualmente, todos bons? Desconhecemos, acaso, que o "a cada um por suas obras" representa ainda assertiva de plena oportunidade? Cremos, em nossa esfera de ação, que a Terra em dificuldades nos deveria compelir a esforço mais eficiente. O homem descuidado da própria habitação não será insensato? E esta paisagem maravilhosa que nos acolhe é nossa casa, nossa escola, nosso refúgio! Não podemos alegar impossibilidade de socorrê-la em lhe observando os problemas angustiosos, quando sabemos que o próprio Cristo não se declarou médico dos sãos. As aflições do momento, as ânsias que parecem infindáveis, os antagonismos que separam os povos e as pessoas, as catástrofes sociais, os ensinos laboriosos da política dos homens, os ingratos estudos de eruditos e sábios do quadro moderno, todos os aspectos sombrios que assinalam agora a jornada humana simbolizam chamados à cooperação fraterna, convites diretos do Alto aos espíritos de boa vontade para o apostolado da restauração. Espiritismo e Esperanto, nossos dois grandes movimentos, são forças vivas e atuantes da elevação e da confraternização. Continuamos a prestar-lhes nosso concurso fiel. Unindo as criaturas entre si e projetando-lhes o impulso para o Supremo Pai, estaremos preenchendo finalidades nobilitantes de nossa tarefa na atualidade.

Aqui, igualmente, articulam-se medidas, arregimentam-se núcleos de companheiros para a colaboração avançada em que devemos permanecer vigilantes. Servimos à coletividade humano-espiritual dentro desse abençoado clima de compreensão e liberdade que a Terra possuirá nos séculos futuros. As conquistas consolidadas entre nós, os desencarnados dos círculos imediatos ao homem comum, serão também aquisições para o mundo carnal depois de pago o preço respectivo. Esse preço, Ismael, constitui-se de trabalho, sacrifício e elevação de cada aprendiz para o bem da comunidade que nos interessa. É por esse motivo que hoje compreendemos na fé religiosa não somente o êxtase dos que procuram o divino, mas também o esforço dos que buscam santificar o humano. O Espiritismo tem verdadeiros continentes ainda inexplorados de serviço a fazer e não podemos repousar sobre as convicções e as convenções, esquecendo a atividade renovadora. Pouco a pouco, mercê de Deus, o quadro de nosso entendimento se transforma. Esperemos que os nossos irmãos se integrem no ideal da ação com a fé viva, da meditação com as obras, da emoção com o esforço individual a que todos somos chamados por aquele que se afirmou nosso divino Companheiro "até o fim dos séculos".

Terminando esta carta, depois de tanto tempo de aparente separação, reitero-te minha fervorosa esperança no êxito de nosso idealismo. O Evangelho é o nosso templo sagrado de reunião. Operemos com ele, convencidos de que a nossa família permanece no lar universal.

Boa noite, meu caro irmão! Segue confiando em Deus e que a Sua bênção esteja sempre contigo!

José Tosta[1]

Reformador | Janeiro de 1947

[1] José Machado Tosta foi um tarefeito do Espiritismo e do Esperanto, pioneiro em sua divulgação na Casa de Ismael. O movimento espírita desde sempre deve muito à sua pessoa e iniciativas. Segundo consta do original, a mensagem foi recebida em 28 de novembro de 1946.

ALGUMAS NOTÍCIAS SINGELAS

Meu estimado Ismael, seja convosco a bênção divina!

Desde muito tempo, guardo o propósito de escrever a você. Linguagem materializada no papel, porque o nosso intercâmbio fraternal no campo da ideia continua incessante. Sempre surgiram dificuldades compreensíveis. Valho-me hoje da noite calma e, agradecendo-lhes a acolhida, deixo-lhe **algumas notícias singelas**.

Afirmar agora que a família vai passando bem e que tudo se processa normalmente depois da morte do corpo é coisa banal. Felizmente, para todos nós, compreendemos agora que a vida, em si, constitui-se de luz infinita, de edificação divina, de gloriosa eternidade. Não estou presentemente com os apuros que me levara a pedir dinheiro emprestado para enterrar os meus mortos, entretanto, meu amigo, gozamos excelentes oportunidades de trabalho e de luta. Desdobramos nosso tempo em comunidade fraternal, núcleos avançados de verdadeiro socialismo cristão, onde, graças a Deus, nos retemperamos para voltar ao esforço terrestre.

Seria ilógico, aliás, prosseguir sempre sem terminar a obra começada e você não desconhece que o Altíssimo criou o mundo, mas ainda não terminou o quadro quanto à perfeição das particularidades. E nós, meu caro, somos parte integrante da Criação. Somos homens inacabados, porque realmente o serviço dos mensageiros divinos ainda consubstancia a tarefa de tornar os homens mais humanos. A estruturação de nossos destinos definitivos exige tempo. Arquitetos distraídos, nem sempre aproveitamos o dia dignamente e é imprescindível regressar à realização, como as crianças voltam aos ensinos. O preparo, porém, a que nos entregamos aqui para o reingresso na escola terrestre, quando a luz da boa vontade nos ilumina o coração, representa fascinante período de reorganização e de estudo. Ainda não atingimos os rincões da grande paz, da grande felicidade! Ainda sofremos o assédio de energias perturbadoras, mas a possibilidade de reconhecer o valor do trabalho, o ensejo de algo fazer pelos outros e por nós mesmos, no capítulo da alegria e do bem, constituem verdadeiro tesouro para o coração. Embora semelhantes observações, não deseje chegar aqui prematuramente. Se narramos a você as maravilhas de cá, esteja convencido de que a beleza do esforço aí na esfera carnal é sublime! Estamos interessados em que você continue trabalhando, servindo, semeando, estendendo fios de iluminação espiritual. Não se impressione com as descrições de nosso plano senão para tornar mais enobrecido o chão que você ainda pisa. Espere o futuro e aproveite o presente! Em verdade, temos imensas realizações no campo espiritista. As assembleias que ouvem são interessantes. Os que choram emocionados são companheiros que prometem. Os que admitem a sobrevivência, indubitavelmente, são formosas "terras neutras". Todavia, Ismael, precisamos agora de quem estime a ação renovadora, de quem se devote nos variados setores em que se subdivide o ministério doutrinário. Jesus requisita trabalhadores, artífices e servos na atualidade à frente do mundo em gigantesca ansiedade para definir os próprios rumos. Os economistas e os administradores dos patrimônios materiais do planeta permanecem atormentados e vigilantes, e os orientadores espirituais do tesouro divino e dos interesses das almas na Terra preocupam-se igualmente. Não é um movimento de separatismo religioso que o Espiritismo estabeleceu entre as criaturas. É atividade libertadora de consciências o seu escopo fundamental. Trabalhe, pois, meu amigo, sem desfalecimentos, nesse edifício sublime de compreensão humana, de entendimento universal, seja movimentando as possibilidades valiosas da educação esperantista, seja abrindo passagens sublimes aos corações encarcerados na ignorância com as chaves de luz que o Espiritismo lhe confiou às mãos operosas.

Aqui somos reconhecidos não por termos vivido na carne na Terra, mas pelo que fizemos de nossa existência nos círculos terrestres. Os loucos façam da estrada o que quiserem em sua insensatez ruinosa e lastimável, mas nós temos hoje um roteiro, um mapa infalível no coração, traçados com as bênçãos do conhecimento que nos felicita a alma. Sinto-me feliz por dizer-lhe essas verdades tão velhas! Representam confirmações do que aprendemos juntos, reminiscências da mesma luta vivida em comum. Atenda, em vista disso, ao ideal que o chama no imo do coração. Ele é maior que as desilusões humanas, mais forte que todas as energias do campo contrário, onde o materialismo faz e desfaz, aprende e desaprende, inicia e não termina, e acaba sempre por recapitular comezinhas lições de estudioso iniciante nos ensinamentos primários da vida.

Siga com sua luz, sem desfalecer. Aqui estamos para recebê-lo de volta. Não venha sem passagem, sem passaporte visado. Acerte todos os seus papéis. Regularize tudo antes de vir para que a sua mente se desprenda da paisagem distante. Para isso rogamos a Deus lhe conceda tempo suficiente. Acredite no Divino Poder, em seu trabalho e na bênção das horas de cada dia, e vencerá todas as vicissitudes (...)

Estevão Ferreira de Magalhães[1]

Reformador | Março de 1947

[1] Estevão foi companheiro de Ismael Gomes Braga nas atividades de difusão da Doutrina Espírita e do Esperanto. Não há, no original, referência de data e de local da recepção da mensagem.

PRECE[1]

Senhor Jesus, meigo e compassivo Mestre da misericórdia, da sabedoria, derrama sobre todos nós, que aqui nos reunimos, a tua bênção de amor, de paz, para que não nos falte luz espiritual para o desempenho das obrigações que nos reservaste na esfera dos desencarnados e encarnados na Terra.

Em particular, Senhor, nós te pedimos pelos nossos amigos que ainda envergam a roupagem terrestre e que aqui se congregam sequiosos de iluminação sentimental. Aqui se reúnem, Senhor, criaturas procedentes dos mais diversos setores do trabalho planetário. Ó Mestre, algumas delas se encontram cansadas e entediadas da experiência no corpo, outros se encontram extenuados na procura que lhes parece infindável da fé religiosa, da bênção de paz interior, com que sonham desde muitos anos, e nós outros, Senhor, somos os seus companheiros incapacitados de cercear os impositivos de tua lei na vida planetária na Terra. Nós outros somos os seus companheiros humildes que te imploramos iluminação

[1] Em *Reformador* consta a seguinte informação encabeçando a mensagem: "Taquigrafada por Isabel Bittencourt de Souza".

para todos, por todos que se congregam aqui, de um plano e de outro plano, mormente para os nossos amigos terrestres. E nós outros, não obstante os conhecimentos que nos exornam as particularidades intelectivas, encarnados e desencarnados, somos ainda meninos frágeis diante de tua sabedoria e misericórdia infinita.

Desse modo, Senhor, agradecemos tua bênção e, confiando em tua misericórdia, nós encerramos o pequeno, o modesto trabalho desta noite, desejando aos nossos amigos, em teu nome, muita paz, muita saúde física e muita harmonia espiritual para o desempenho das obrigações que os retêm provisoriamente na Terra.

Assim seja.

22-II-1946[2]

Emmanuel

Reformador | Abril de 1947

[2] Grafado como no original, depreendendo que a mensagem data do mês de novembro.

NO TRABALHO ESPIRITISTA CRISTÃO

Meu caro Ismael, Jesus nos guarde os corações e nos ilumine os caminhos.

Não preciso repetir que estamos juntos. Vamos atravessando a região empedrada e obscura com a mesma coragem do início. Aliás, meu filho, cabe-me a alegria de registrar-te a fidelidade ao idealismo superior que abraçamos. Não recebeste, em vão, o agasalho que o Senhor te conferiu antes da tormenta. Tua alma tem sabido vestir a lã do Cordeiro divino para que o frio das provas não te enregele o coração. Rendamos graças e prossigamos!

No cascalho duro da subida longa, tens encontrado diamantes de grandeza singular. A fé viva, a esperança edificante, a espiritualidade mais digna são tesouros que hoje te felicitam com maior intensidade.

Esclarecida a continuidade de nossa comunhão no serviço redentor, voltemo-nos para a zona mais importante. Quero referir-me ao entusiasmo sublime que tens colocado **no trabalho espiritista cristão**. Estamos vivamente empenhados na extensão do ideal evangélico junto às agremiações doutrinárias de todo o Brasil.

Sabes, Ismael, que sou ainda um trabalhador excessivamente insignificante para comentar semelhante expectativa. Sou, porém, humilde porta-voz de muitos companheiros outros que acompanham a obra impessoal da Federação Espírita Brasileira a caminho de nossa integração em Jesus. É por isso que peço ao teu coração intensivo devotamento à causa que nos irmana os propósitos dentro da atividade evangelizadora.

A obra é imensa e suas características infinitas. Em toda parte surgem problemas fascinantes que não podemos e nem devemos menosprezar. A luta construtiva que o Mestre nos confere é sublime. Estejamos, assim, de alma aberta às correntes renovadoras que procuram moldar em nosso país a consciência cristã do Espiritismo salvador.

Tenho acompanhado teus passos à distância do ninho que nos oferece a visão do Cruzeiro estrelado e contigo observo a necessidade de valorizarmos o tempo na edificação do santuário vivo da fé. Um Espiritismo acadêmico, albergando inúmeras pretensões científicas, de bandeiras desfraldadas à investigação pura e simples, mas absolutamente fechado ao serviço de elevação dos sentimentos em favor da humanidade redimida num mundo melhor seria mera presunção humana, destinada a desaparecer como várias filosofias do passado que, possivelmente, terão entronizado a inteligência, mas amplamente distraídas da virtude. Reparei, em tua companhia, quão enorme é o serviço que o presente e o futuro nos reserva. Fujamos ao fenomenismo sem luz consciencial. Espiritismo que não espiritualize o homem pode ser um movimento admirável de ideais. Nunca representará, porém, a resposta do Céu às angústias da Terra, a solução divina aos enigmas humanos. Não. Nossos caminhos, se não podem suportar certas imposições da política vulgar, não se compadecem igualmente com as simples manifestações de intelectualidade de superfície. O esforço, Ismael, é mais profundo. Vem da lição viva do Cristo ao cerne de nós mesmos. Não estamos doutrinando por intermédio de cátedras brilhantes da ciência do mundo, nem dogmatizando com as escolas de religião organizada e sim vivendo uma renovação espiritual, indefinível e profunda, em face das ilações da vida eterna e de cujos imperativos não nos é dado fugir.

Em torno da obra de Ismael, no Brasil, cerremos fileiras, atendendo aos impositivos sagrados da tarefa! Permaneça a espiritualização com Jesus acima de qualquer doutrinação terrestre. Obra de elevar, de melhorar, esclarecer, ajudar, ensinar e amar sempre! Para esse fim, urge observarmos programas cada vez mais vastos de boa vontade fraternal! Sabemos que a unidade no campo interpretativo é, por enquanto, impossível. Cada homem possui sistema visual diferente, em nos referindo à ótica da alma, e será impraticável a padronização de pareceres na intimidade de nossos agrupamentos, subdivididos em cursos inúmeros de aprendizagem. Mas que nos reunamos na mesma empresa de amor fraterno para o esclarecimento construtivo, disseminando as sementes do bem na missão coletiva de socialização com o Evangelho do Mestre divino. Nada vale positivar a sobrevivência pessoal sem a transformação da criatura para a felicidade substancial. Indagar sobre as soluções dos problemas do destino e do ser, sem criar trabalho sólido de preparação do caminho e de melhoria da alma, seria agir às tontas, sem objetivos definidos.

Eis, pois, meu amigo, em traços gerais, a reafirmação de todos os projetos que os benfeitores espirituais, desde muito, traçaram ao Espiritismo através do Brasil que nos é tão caro ao espírito. Trabalhemos na condução de nosso idealismo que, invariavelmente, deve buscar as zonas mais altas da ação. Entrelacemos nossas mãos no abençoado ministério que nos identifica as esperanças e, acima de tudo, reajustemo-nos, com proveito, no divino espírito do imperativo imortal "Amai-vos uns aos outros como eu vos amei".

A Estevina vem trabalhando ativamente ao teu lado e, com notável abnegação, vem preparando a Vadica[1] para colaborar em tua tarefa de fraternidade com o Esperanto e com o Espiritismo.

Boa noite, meu filho! Quanto a tudo o mais convence-te de que caminhará contigo o teu de sempre,

Abel

Reformador | Junho de 1947

[1] Vadica: pessoa das relações de Ismael Gomes Braga, que naquela encarnação não havia se interessado por Espiritismo ou Esperanto. Segundo consta do original, a mensagem foi recebida em sessão particular com Ismael Gomes Braga, contudo não informa data e local da recepção.

PENITÊNCIA

I

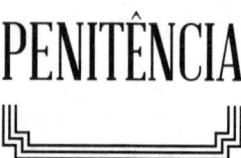

Primavera, verão, outono e... quando
Veio o inverno, nevando-me os cabelos,
Ah, meus dias! Quisera revertê-los
À meninice que passei sonhando.

Lá fora sussurrava o vento brando
Embalando-me os últimos desvelos...
Em minh'alma, torturas e atropelos
Das dúvidas cruéis correndo em bando!

Faz-se no coração a noite escura,
Cresce o quadro da angústia, o frio investe...
É a romagem de fel à sepultura!

Depois, sob a folhagem do cipreste,
Surge a voz da verdade, clara e pura,
Indagando, serena: – Que fizeste?

II

E eu que negava a Deus, e eu que não cria
Houvesse vida além dos meus clamores,
Fui jogado a tufões arrasadores,
Cactos da dor em charcos da agonia!

Desventurado náufrago sem guia,
Debati-me entre monstros e pavores!
Ó poderoso Pai dos pecadores,
Salva os filhos da dúvida sombria!

Perambulei pelos infernos torvos,
De coração gemente e alma intranquila,
Corvo a grasnar entre sinistros corvos...

Até que um dia, ó paz, o céu se anila!
É a luz de Deus que eu bebo a longos sorvos,
Rastejante e feliz para servi-la!

João Batista da Silva[1]

P. S.: Meu amigo, trabalhe pela fé vitoriosa no coração humano quanto seja possível ao seu esforço. O ateu é doente grave. A necrose da alma é muito mais perigosa que a gangrena do corpo. Ajude os infelizes filhos da sombra a cobrarem energias, em favor de si mesmos. É necessário que o sol da crença visite esses espíritos enregelados que se perderam no frio polar da ciência negativista. Ganhe patrimônios de serviço, que eu perdi por teimosia e cegueira. Ainda me sinto pobre, miserável e frágil, mas conte sempre com a amizade sincera do Batista.

Reformador | Julho de 1947

[1] Segundo consta do original, João Batista da Silva foi farmacêutico e clínico humanitário, musicista e poeta mineiro do final do século XIX. Ateu desde a juventude, desencarnou aos 75 anos no mais absoluto ceticismo religioso. Manifestou-se psicograficamente por meio de Chico Xavier na noite de 20 de maio de 1947 durante sessão de preces na residência de uma enferma, ditando o soneto e o *post-scriptum* acima, dirigidos a Ismael Gomes Braga, que tinha relação de amizade e de parentesco com o espírito comunicante, e que estivera presente à sessão.

POSTAL FRATERNO

À irmã D. Esmeralda Bittencourt

Vai, minha **irmã**, pelo caminho santo!
Embora o pranto purificador,
Segue vencendo as aflições do mundo,
Vale profundo de miséria e dor.

Não te magoe a tempestade imensa!
Que o sol da crença te ilumine a cruz!
Sofre e confia, serve a Deus e espera
A primavera da divina Luz! [1]

Valado Rosas

Reformador | Julho de 1947

[1] Segundo consta do original, o poema foi psicografado em 23 de fevereiro de 1946, no interior do vagão do trem de ferro, durante viagem de Pedro Leopoldo a Belo Horizonte. No grupo de Chico Xavier, viajava Esmeralda Bittencourt, a quem se destinavam os versos. Amiga do médium, Esmeralda aproximou-se do Espiritismo em 1924, quando mudou-se de Minas Gerais para o Rio de Janeiro e conheceu Aura Celeste, fundadora do Asilo Espírita João Evangelista. Face à desencarnação trágica dos filhos, viveu uma vida de duras tribulações. Dedicada professora, realizou uma obra de educação reconhecida em seu tempo.

ANTE O FUTURO

Enquanto a guerra – o monstro fratricida –
Volve a ferir nações no mundo inteiro,
Lembrai-vos, tutelados do Cruzeiro,
Da paz de nossa terra estremecida.

Ante a mente do mundo, espavorida,
Este é o grande Brasil, lar e celeiro
De um povo missionário e mensageiro
Do código de luz, verdade e vida.

No dia apocalíptico das dores,
Em meio aos turbilhões arrasadores,
No Evangelho vivei o amor fraterno!

E recordai na luta que redime
O supremo valor da cruz sublime
Para a ressurreição no Cristo eterno.[1]

Pedro D'Alcântara

Reformador | Setembro de 1947

[1] Segundo consta do original, o soneto foi psicografado em 1 de julho de 1947, em reunião pública do Centro Espírita Amor ao Próximo, da cidade de Leopoldina, Minas Gerais.

Chico Xavier no Centro Espírita Luiz Gonzaga
na década de 40.

1948

CARTA DO CORAÇÃO

Meu irmão, segue à frente. Não te doa
A pedrada que deixa cicatriz.
O **coração** que a fé louva e bendiz
Sabe aceitar a dor que aperfeiçoa.

Guarda a simplicidade humilde e boa,
E, embora a luta e o pranto, sê feliz!
Jesus jamais se esquece do aprendiz
Que espera, crê, trabalha, ama e perdoa.

Agradece aos espinhos da jornada,
Às angústias e lágrimas da estrada
– Bênçãos do eterno sol renovador!

Nega a ti mesmo, sofre e renuncia...
A cruz terrestre é chave de alegria
Para a glória no reino do Senhor!

João de Deus

Reformador | Janeiro de 1948

ROGATIVA

Abençoa, Senhor, nossa **oração**
Que Te busca nos páramos do amor.
Dá-nos abrigo reconfortador
À porta augusta do teu coração.

Misericordiosíssimo Pastor,
Liberta-nos do orgulho escuro e vão.
Não nos deixes no vale da aflição
Nem nas teias do gozo tentador.

Que guardemos, em tudo, o teu sinal
De excelso bem que vence todo mal,
Glorificando os dons de nossa cruz!

Doce e divino Amigo, vem a nós!
Caminharemos sob tua voz
Para a ressurreição na eterna luz![1]

João de Deus

Reformador | Janeiro de 1948

[1] Consta do original a informação de que esse soneto e o da página anterior, "Carta do coração", foram psicografados em 19 e 24 de agosto de 1947, respectivamente.

JUVENTUDE CRISTÃ

Jovem cristão, conserva por sinal
De doce entendimento com Jesus
A devoção sincera à eterna luz
Que te sazona o espírito imortal.

Combate, valoroso, a treva e o mal,
Alimenta os famintos, veste os nus,
Suporta, sem receio, a dor e a cruz
Que conduzem à pátria universal.

Segue sereno, jovem semeador!
Ama o trabalho santificador,
Não te canses de amar e de servir!...

Semeia amor e vida aqui e além!
De tua elevação ao sol do bem
Depende a paz na Terra do porvir![1]

João de Deus

Reformador | Julho de 1948

[1] Consta do original a informação de que esse soneto foi psicografado em 8 de abril de 1948.

A MORTE

Vi **a morte** rondando longa estrada...
Na destra em luz mostrava fina guante
E no olhar doloroso e coruscante
Trazia o espanto da alma torturada...

Vendo-a lúgubre e só, de mim diante,
Perguntei-lhe: – "Que fazes, desvairada?
Por que semeias cinza, angústia e nada
Sob os passos da vida soluçante?"

Contudo, erguendo a voz sinistra e bela,
Respondeu: – "Não me acuses! Sou aquela
Renovadora mão que tudo invade!

Sem minha férrea luva merencória
Ninguém atingiria a própria glória
Nos palácios de sol da Eternidade!"[1]

Antero de Quental

Reformador | Setembro de 1948

[1] Consta do original a informação de que esse soneto foi psicografado em 15 de fevereiro de 1948, em Belo Horizonte.

ANTE A GUERRA

Homem, por mais que a fé ore e conclame
Teu coração à excelsa paz divina,
Buscas, sedento de carnificina,
O moloque d**a guerra**, escuro e infame.

Embora a voz do Mestre te proclame
A lei do amor em bênçãos de doutrina,
Entronizas o braço que assassina
Por milênios de treva e de gravame...

Eis que o monstro de fogo te constringe
A garganta famélica de Esfinge
E as mãos negras e hirsutas de Mavorte!

Caim possesso de sinistros demos,
Ai de ti, que enterraste os dons supremos
Nos abismos tantálicos da morte![1]

Augusto dos Anjos

Reformador | Setembro de 1948

[1] Consta do original a informação de que esse soneto foi psicografado em 1 de junho de 1948, em reunião pública da Casa Espírita em Juiz de Fora, Minas Gerais.

O HOMEM LOBO

Passa gritando, escravo do tormento,
Dentro de fria noite, atra e sem fim,
O triste descendente de Caim,
Chocalhando mandíbulas ao vento.

Entroniza o moloque famulento
Da guerra em torvo e lúbrico festim,
Embora a podridão que lhe abre o rim
E o cancro que lhe gasta o pensamento.

Homem – flâmeo e sinistro vagalume –,
Que te vestes de pó, fósforo e estrume,
Equilibrado em forças desiguais,

Sem Jesus Cristo que te não repele
– Prometeu algemado à carne imbele –
O teu castigo não se acaba mais.[1]

Augusto dos Anjos

Reformador | Outubro de 1948

[1] Consta do original a informação de que esse soneto foi psicografado em 29 de junho de 1948, em reunião pública do Centro Espírita Amor ao Próximo, em Leopoldina, Minas Gerais.

DO DISCÍPULO AO MESTRE

I

Torna Caim ao lodo subterrâneo.
Ante a espada homicida se prosterna,
Apagando a flamívoma lanterna
Do raciocínio que lhe flui do crânio.

Nele o impulso do bem morre frustrâneo
Sob a força que, ríspida, o governa
Desde o negro machado da caverna
À tragédia dos átomos de urânio.

Rei protervo da carne, a sombra estende-o
Num caminho de sangue e vilipêndio,
– Triste lobo a exibir trismos medonhos!

Anjo e besta, no ergástulo da treva,
Chora e ruge no orgulho que o subleva
E cai vencido sob os próprios sonhos.

II

Senhor, este é o herói do desconforto,
De fronte enorme e pensamentos parcos
Que ainda escarnece dos divinos marcos,
Que acendeste no mundo amargo e morto...

Sofre a angústia do náufrago sem porto
E embora eleve chamejantes arcos
Traz consigo o veneno que há nos charcos
E os resíduos genésicos do aborto.

Multiplica-lhe os títulos avulsos
De sofrimento que lhe algeme os pulsos,
Vigiando-lhe o espírito inconverso!

Sem tua cruz de lágrimas divinas,
Transformaria a Terra que iluminas
Em trevoso presídio do Universo![1]

Augusto dos Anjos

Reformador | Novembro de 1948

[1] Consta do original a informação de que esse soneto foi psicografado em 31 de outubro de 1948.

A TERRA É O SANTUÁRIO DO SENHOR

Meus amigos, muita paz.

Inútil dramatizar a situação angustiosa do mundo. A retórica não expressaria o necessário. Exprimem-nos o quadro aflitivo as próprias lutas que vos caracterizam a época de transição apressada.

Durante séculos, o Plano Superior aguardou a deliberação do homem nos setores da edificação espiritual. Missionários e arautos de todos os matizes se fizeram sentir em todos os climas, entretanto, a ambição insaciável e a vaidade escura, aliadas ao orgulho e à discórdia, abafaram-lhes os apelos. O sacerdócio, disputando o principado terrestre, não conseguiu preservar os valores do templo, e vemos que a ignorância e a ociosidade atrasaram o relógio do planeta. Hoje, porém, novo movimento transformador abala os alicerces da civilização. É o pensamento do Cristo, através de servidores decididos, que se devotam à luta edificante, inspirados em novo programa de serviço.

Não consagramos o princípio revolucionário elegendo-o por diretriz absoluta, a não ser aprovando a renovação interior, base de toda a edificação legítima em matéria de felicidade humana. Não contamos, pois, com a turba indisciplinada ou indiferente, senão por oficina benemérita de serviço, em que nos compete expressar a capacidade de realização cristianizante de que somos portadores. Buscamos despertar companheiros para que se convertam em núcleos positivos de ação restauradora, de modo a estendermos além as atividades de salvação substancial. Necessário, pois, não nos percamos numa atitude cristalizante de adoração excessiva, a fim de não nos ausentarmos da gloriosa oportunidade atual de cooperação com Jesus.

Em tempo algum da Terra, talvez, houve tão imenso afluxo de bênçãos em favor da regeneração do homem pelas portas benditas que o trabalho do Senhor nos descerra em todas as direções. Mas também forçoso é reconhecer que, em outras eras, o perigo de eclipse total da razão e as ameaças de queda não foram tão iminentes. O serviço desdobra-se infinito, desafiando-nos, não somente a nossa capacidade de crer e confiar, mas, acima de tudo, as nossas possibilidades de agir, ajudar e fazer. Guardamo-nos no sacrário da fé inoperante, sem qualquer decisão de contribuir seriamente na ordem de ação com que somos agora defrontados. Seria quase um crime se não constituísse semelhante atitude deplorável paralisia da alma.

Oremos, assim, trabalhando e amando: trabalhando na direção do bem de todos, com a renúncia pessoal, porque agir sensatamente demanda ascensão e luz, melhoria e poder; amando, segundo os padrões do Mestre divino, atentos ao sacrifício educativo de nós mesmos, compreendendo que o mundo está repleto de egoísmo e de ódio, que representam fórmulas lastimáveis de amor desequilibrado e contraproducente. A hora, em vista disso, é decisiva, porque ou afeiçoaremos o magnetismo de nossa vontade aos desígnios divinos, transformando-nos, voluntariamente, em satélites do Cristo, ou gravitaremos em derredor dos gênios da sombra, com a perda de vários séculos do porvir, senão de milênios incontáveis. Apelamos, na atualidade, em razão disso, para todos os irmãos que se ligaram conosco, para que a obra do Mestre de Nazaré se aperfeiçoe nos corações e nas consciências. Estimulemos a sementeira do bem, nas leiras de todos os campos, e facilitemos a retirada do pensamento renovador em Jesus dos templos de pedra para que o Evangelho atue na administração e na orientação, na vida pública e na particular, nos problemas do corpo e do espírito, nos ângulos do homem e da natureza, atentos à sublime verdade de que toda **a Terra é o santuário do Senhor**.

Reunidos, dessa forma, em torno do ideal consolador do Espiritismo cristão, estabeleçamos compromissos de trabalho na Terra, antes de endereçar olhos suplicantes ao Céu, convictos de que o nosso mundo será igualmente mundo feliz pela nossa própria felicidade em conservá-lo, embelezá-lo, redimi-lo e santificá-lo. Os apóstolos divinos permanecem a postos, entretanto, não poderão influenciar no campo da matéria que vos diz respeito, sem vossos braços.

Não acreditemos em paz ambiencial sem paz dentro de nós mesmos! Não admitemos direitos sem deveres, liberdade sem responsabilidade! Não aceitemos bem-estar que se não multiplique ao redor de nossos passos, compreendendo a impropriedade de qualquer exigência em favor da reforma do vizinho, se não nos reformarmos para irradiar o bem que nós mesmos buscamos! Não prestemos crédito ao repouso falso que busca tranquilidade à distância do trabalho intensivo, orientado na felicidade comum, porque, à presente altura de nossos conhecimentos evangélicos, é impossível estejamos à espera de afastamento das cruzes benéficas com que seguimos ao encontro do Senhor quando devemos saber que a cruz é uma honra para aqueles que já não devem, nem mais podem, improvisar madeiros de tormento aos próprios irmãos de círculo evolutivo.

Não temos, portanto, meus amigos, outros votos, por agora, senão os de nos reunirmos cada vez mais intensamente em torno do Cristo, buscando-lhe a inspiração amorosa e sábia para as lides da Terra, nos vários setores em que nos situamos. E esperando que o Evangelho permaneça dentro de nós, vivo e atuante, para que nos convertamos em apelos sinceros e santificantes ao mundo, sou o vosso amigo e servo humilde,

Emmanuel

Pedro Leopoldo, 31.10.48.

Reformador | Dezembro de 1948

VOZ DO TÚMULO

Ante o negrume do jazigo aberto,
Interroguei, chorando, ansioso, um dia:
– Onde guardas o monstro que me espia,
Gemendo à espreita do meu passo incerto?

Maldito sejas, leito recoberto
De miséria, de angústia e de agonia!
Onde acabas, garganta escura e fria,
Sob o pavor da morte que vem perto?

Mas, divina e triunfal, no mesmo instante
Uma **voz** respondeu do abismo hiante:
– Foge ao tremendo engano que te invade!

No paço estreito destas sombras mortas,
Escondo o brilho das divinas portas
Que abrem a glória da imortalidade!

Antero de Quental

Reformador | Dezembro de 1948

ENQUANTO É DIA

Repara, agora, a própria sementeira
De tudo o que sonhaste e que fizeste.
Recompõe, cauteloso, a própria veste
E trabalha com Cristo a vida inteira.

Roga ao Senhor, sem gritos de canseira,
Que mais tempo e mais lágrimas te empreste!
Há muito espinho antes do lar celeste
E muita dor na luta derradeira...

O sepulcro não passa de oferenda
Da verdade cruel que nos desvenda
O próprio mundo, refalsado ou santo.

Para quem segue além de mão vazia
Converte a morte as dádivas do dia
Em noite secular de angústia e pranto.[1]

A. de Lima

Reformador | Dezembro de 1948

[1] Consta do original a informação de que esse soneto foi psicografado em 1 de novembro de 1948.

A CRUZ

Disse o homem à cruz que o constrangia:
– Detestável prisão, ingrata e feia,
Atormentas minh'alma que te odeia,
Escarneces meus sonhos de alegria!

Que fogo pavoroso te incendeia?
Que te fez para o inferno da agonia?
Por que me prendes, pedra horrenda e fria,
Ao teu corpo que lágrimas ateia?

A cruz, porém, clamou serena e certa:
– Sou a chave de dor que te liberta
Do abismo que estendeste a toda parte!

Não me percas na sombra de teus dias.
Sem meus braços, jamais alcançarias
O Senhor que me fez para salvar-te![1]

Antero de Quental

Reformador | Dezembro de 1948

[1] Consta do original a informação de que esse soneto foi psicografado em 15 de dezembro de 1948, em Belo Horizonte.

Chico Xavier em Pedro Leopoldo, Minas Gerais.

1949

ESPIRITISMO COM JESUS É AMOR

Meus amigos, muita paz.

O Espiritismo abraçará o Evangelho do amor na renovação das criaturas ou jamais passará de simples movimentação intelectual para transposição de ideias. Somos atualmente defrontados não só pelos imperativos da revelação que reajuste a vida, mas, sobretudo, pelas exigências da caridade fraternal que projete nova luz no caminho evolutivo. Não bastará comentar a verdade e estendê-la. É necessário orientar-lhe os impulsos na estrada santificante do bem.

Não faltam, mesmo aqui nos círculos que a morte do corpo nos descerra à visão deslumbrada, inteligências primorosas que se filiam à pesquisa e à indagação, convertendo-se, lamentavelmente, em fontes discutidoras no seio das quais os patrimônios do tempo se perdem à revelia das responsabilidades que nos assinalam os destinos diante da Eterna Bondade. Presidem a conclaves em que as polêmicas assumem caráter ruinoso e destrutivo, ou semeiam a discórdia e a incompreensão, atrasando a marcha de valorosos companheiros, distraídos no duelo das palavras brilhantes.

Cedo ou tarde, porém, a realidade modifica a paisagem que nos acolhe em variados ângulos da Terra e entendemos, enfim, que o nosso ministério fundamental com o Cristo é de união pacífica e solidariedade redentora.

A sombra não desfaz a própria sombra.

Uma ferida não cura outra ferida.

Golpes dilatam golpes.

Violência acende violência, tanto quanto o fogo desenvolve a fogueira.

Ofereçamos clima propício à germinação das sementes divinas que repousam em nós mesmos, fazendo brilhar a luz suscetível de irradiar-se das nossas próprias vidas.

A Terra, nossa velha e abnegada mãe comum, não se consome, nas horas aflitivas do presente, à míngua de instrução e conhecimento.

Em tempo algum da evolução planetária, a Matemática, a Estatística e a História imperaram com tamanha força nos enunciados e manifestações da ciência, da filosofia e da religião dominados pelo raciocínio. Mas em civilização alguma do passado o homem vagueou na crosta do mundo tão desconfiado e tão triste, tão descrente de si mesmo e tão desiludido de socorro e esperança.

Desintegra o átomo e destrói-se.

Desce aos abismos do mar e sobe aos píncaros das nuvens, entretanto, erige o cenotáfio das próprias grandezas no campo da guerra a que o esforço laborioso dos séculos se reduz a miseráveis punhados de cinzas.

Irmãos, iluminado é o caminho, seguro o roteiro!

Perdoaremos setenta vezes sete cada dia, amaremos aqueles que nos perseguem e caluniam, emprestaremos sem retribuição, trabalharemos sem propósitos de recompensas! No imediatismo da experiência humana, negar-nos-emos na expressão egoística da personalidade para tomar a cruz do sacrifício de antigas fraquezas e deploráveis ilusões, acompanhando o Senhor no abençoado calvário de nossa própria redenção, ou lavraremos, por nós mesmos, a sentença condenatória que nos marcará o caminho!

Espiritismo com Jesus é amor que auxilia, reanima, esclarece, ajuda e salva! Fora de semelhante padrão, permaneceremos sempre na direção do reino escuro de nossos velhos dissídios, criando e exterminando as nossas próprias obras, espíritos endividados e endurecidos, em oportunidades quase mortas, gravitando, por nossa infelicidade, em derredor de séculos mortos.[1]

Emmanuel

Reformador | Julho de 1949

[1] Consta do original a informação de que a mensagem foi psicografada em 13 de maio de 1949, no Centro Espírita Luiz Gonzaga, em Pedro Leopoldo, Minas Gerais.

GRANDE PÁTRIA

Um novo mundo além da sepultura,
Dadivoso e sublime, se revela,
Amenizando a fúria da procela
Que o mundo inteiro envolve em desventura.

É a paz cristã que volta e se desvela
Na redenção da humana criatura,
Restaurando a verdade que se apura
Na crença viva, promissora e bela.

Filhos do meu Brasil, enquanto a guerra
Semeia lodo e sangue em toda a Terra
Buscai, com Cristo, a inspiração de cima!

Grande pátria da nova humanidade,
Sereis o povo da fraternidade
No milênio de luz que se aproxima![1]

Pedro D'Alcântara

Reformador | Dezembro de 1949

[1] Consta do original a informação de que o soneto foi psicografado em 27 de junho de 1949, em Leopoldina, Minas Gerais.

1950

Chico Xavier entre Jacks Aboab e Clóvis Tavares, em 1944.

OPERAÇÕES MAGNÉTICAS DO PASSE

Na primeira noite em que seu concurso foi conduzido àquele lar desprotegido de cultura evangélica mais substanciosa, sentíamos na doente uma irmã em perfeito estado pré-agônico por exaustão quase total das energias.

Acima da cabeceira, enorme grupo de entidades-vampiros se acotovelavam, disputando a presa, porque a mente encarnada, quando em posição de descontrole, pode ser comparada a uma grande taça transbordante de recursos vitais sem dono certo. E nos casos de obsessão, sem as defesas espirituais desejáveis, são sempre numerosas as mentes desencarnadas que se acercam do enfermo, famintas de semelhantes recursos fluídicos para se sentirem mais fortemente imantadas à experiência física, que buscam reter dentro de si próprias.

Alguns perseguidores violentos, ligados à vítima, desde o pretérito, lá se encontravam. Entretanto, como na lei divina tudo funciona em favor do bem, convertiam-se eles em advogados da agonizante, não por espírito de caridade e, sim, na condição de inimigos que combatem outra espécie de adversários, preservando os despojos para si mesmos.

O quadro era inquietante, contudo, impunha-se a interferência. Vários amigos do nosso plano, previamente notificados, trouxeram vasta cobertura de material sutil da nossa esfera de ação, sob a qual toda a câmara foi revestida. Era a primeira providência contra o vampirismo, de vez que esse material vibra em elevado teor elétrico e as entidades de vida indigna comumente não se atrevem a enfrentar os choques naturais.

Efetuada a medida, passamos à intervenção no centro de desequilíbrio. Com esforço, retiramos do quarto os elementos erradios, sem sintonia direta com o caso, e que ali se mantinham inspirados em simples objetivo de exploração inconfessável. Restavam, porém, os algozes da jovem senhora e da sua corte familiar, em processo de imantação psíquica muito avançado.

A obsidiada polarizava-nos, agora, toda a atenção. Os centros cerebrais de relevo, quais os da fala, da memória, da visão, da audição e outros jaziam "ocupados" pelas influências perturbadoras, guardando-se, regularmente intactos, para uso da enferma, somente alguns centros de atividade vegetativa, que são sempre os últimos a ser destruídos em qualquer serviço desencarnatório. Com a sua contribuição magnética, porém, contribuição estruturada em fluidos terrestres, iguais, na origem, aos que sustentam o organismo que pretendíamos recuperar, guiamos o seu potencial de energia para a sede do pensamento, no cérebro enfermiço e semidestroçado, e o passe, ou emissão de recursos curativos, funcionou tecnicamente com a nossa cooperação espiritual sobre certa classe de neurônios, chamando o espírito da agonizante ao necessário retorno. A nossa insistência, através de sua contribuição humana, era grande e expressiva. Em razão disso, a doente começou a voltar, muito vagarosamente, à moradia física.

Os perseguidores haviam violentado diversas zonas delicadas do cerebelo e da fossa romboidal, procurando apressar-lhe a morte. No entanto, em seguida à sua interferência fraterna, dois amigos nossos trouxeram aparelhos para emissões radioativas de auxílio, iniciando-se o processo de cicatrização das partes dilaceradas, imperceptivelmente aos olhos de vocês. Todas as noites essas emissões acompanhavam, de perto, as suas **operações magnéticas de passe**, nas quais tomávamos saliente atuação, desintegrando partículas de matéria prejudicial ou inútil à restauração que levávamos a efeito, ou reintegrando partículas outras a benefício do contingente cerebral comum.

Depois de uma semana, com a ajuda de doutrinadores que vieram especialmente ao quarto da enferma em tarefa de cooperação conosco, deslocávamos os derradeiros remanescentes dos verdugos que haviam operado longa intromissão no mundo biológico da vítima. Surgiu a convalescença psíquica com o regresso do perispírito às funções normais e passamos, então, a mobilizar, no trabalho socorrista, apenas os doadores de recursos radioativos e dos guardas vulgares, mantendo-se, porém, o assunto sob nossa responsabilidade e vigilância.

Somente quando se iniciou a fase de convalescença física é que nos afastamos da enferma, retirando o velário fluídico protetor, tecido em nosso plano comum, restituindo a doente ao clima natural da experiência que lhe é atualmente peculiar, após haver movimentado quase uma centena de trabalhadores espirituais no processo regenerativo.

Como se vê, não há milagre. Em qualquer obra do bem, o serviço é sempre intenso. E apreciando a contribuição amorosa que você nos trouxe, comparamos o médium passista, de sua condição, a uma chave magnética, vigorosa e imprescindível na missão de socorro, destinada a ligar os potenciais de auxílio entre os dois planos em que envolvemos presentemente. Nesse sentido, encarecemos a necessidade do Cristianismo em todas as tarefas do Espiritismo. Todo cooperador humano emite raios vitais próprios e somente o Cristianismo sentido e vivido melhora e ilumina as manifestações de nossa alma. O mediador-chave precisa trazer ao nosso concurso substância pura para ser usada em serviço de restauração de perispíritos necessitados, substância essa que procede do sentimento com que vai interferir, sem a qual o êxito possível é sempre improvável.

Observando as edificações de assistência nesse aspecto, somos obrigados a considerar que há muita gente detendo avançado cabedal de forças mediúnicas de transmissão, de cura, de revelação, mas se o Evangelho não as disciplina e beneficia, assemelham-se a cachoeiras selvagens, cujas possibilidades são realmente enormes a se perderem, durante vasto tempo, por falta de organização e domínio para o bem.

É incalculável a extensão das necessidades de essência cristã nos trabalhos espíritas de todos os matizes. A contribuição individual do lidador é de importância primordial. Qualquer violino pode ser usado, todavia, num concerto de projeção no campo da arte é interessante que o violino não seja qualquer um. É indispensável aproveitar a lição da especialidade e da qualidade, sempre que a nossa tarefa de auxílio fraterno se dirige a determinados fins.

Que Jesus nos abençoe![1]

Neio Lúcio

Reformador | Janeiro de 1950

[1] Segundo consta do original, a mensagem foi recebida em reunião pública do Centro Espírita Luiz Gonzaga, em Pedro Leopoldo, Minas Gerais, na noite de 28 de setembro de 1949, a qual foi dirigida a um tarefeiro responsável pelo serviço de passe daquela casa espírita, elucidando, inclusive, o processo do passe em "um caso complexo de assistência".

NOSSOS VELHOS TEMPOS DO PORTO

Meu caro Ismael, Jesus nos fortaleça. Graças a Deus, encontro você na mesma devoção ao apostolado de aproximação fraternal, guardando, intacto, o nosso velho patrimônio de serenidade e esperança.

Felizmente, você tem sabido trabalhar sob a ventania forte. A carantonha da tempestade ainda não conseguiu quebrar-lhe as fibras de lidador, e isso é muito importante.

Creia, meu caro, que minhas antigas preocupações, diante da quietude humana, que sempre se compraz na indiferença e na impassibilidade perante as lições divinas que o Espiritismo nos trouxe, foram substituídas por real bom humor. É impressionante observar o volume numérico dos crentes que esperam a solene entrada no Paraíso, vivendo de braços cruzados à maneira do lavrador que sonha com a germinação da semente e aguarda a colheita no descanso voluptuoso do leito macio. Outros alinham algumas preces labiais nos dias da dificuldade em que sentem estorvados em seus caprichos e exigem que Jesus nomeie interventores que lhes decidam, gratuitamente, as questões intrincadas da experiência material que eles próprios estabelecem. Em todas as esquinas, somos surpreendidos por irmãos que atravessam noventa e nove por cento do dia, na movimentação, quase sempre inútil, da fiscalização e da crítica, confessando-se desiludidos com a humanidade e desacoroçoados do mundo, quando, em verdade, até mesmo não se deram ao luxo de algum exame mais particularizado da própria personalidade.

Você imagina o que seria de nós se não fosse a alegria do trabalho e a confiança perfeita no êxito final do bem?..

Sem a escora permanente desses recursos talvez fugíssemos espantados da Terra, temendo as ousadas afirmativas de criaturas que pretendem as asas dos anjos quando ainda se encontram à imensa distância dos valores reais da humanidade e que reclamam o Céu colados, de pés e mãos, às furnas acolhedoras da Terra.

O quadro, contudo, não nos exaure a energia, nem nos desencanta. O Mestre na cruz é uma inspiração incessante. Trabalhar na restauração dos ensinos que nos transmitiu em sublime apostolado de santificação e semear a concórdia e o entendimento, em nome dele, são tarefas claras e simples a que nenhum colaborador de boa vontade deve subtrair-se. Nesse sentido, o Espiritismo e o Esperanto são as duas alavancas com que removeremos os percalços da senda, em favor da vitória insofismável do Evangelho nos corações. Quanto pudermos, incentivemos a extensão da influência dessas forças profundas de renovação e reajustamento. Não nos impressionemos com as negras observações dos adversários da propaganda em sua feição de benefício público e de escola transformadora das condições mentais do espírito encarnado. Negar-lhe as vantagens seria esquecer a lição da semente que se multiplica indefinidamente, enriquecendo-nos o prato e o celeiro como que ansiosa de revelar-nos a grandeza divina das leis de abundância, de sabedoria e de amor que governam o Universo inteiro. Há companheiros que parecem trazer consigo uma noite diante do sol pleno e estimariam que a treva alcançasse todas as paisagens e todas as coisas. Enxergam aleijões nas flores, monstros no firmamento, veneno nas fontes e infernos na alegria. Para estes, estamos irremediavelmente condenados, entretanto, seguiremos para diante assim mesmo. Um dia compreenderão que, além do túmulo, possuímos até mesmo escolas de alfabetização e atividades primitivistas de ensino e perderão, mais tarde, a ilusão de haverem atingido o Olimpo da inteligência apenas porque fizeram a leitura de alguns clássicos ou por que se hajam sentado em algum banco de universidade. Temamos o cérebro parado, o coração enferrujado e as mãos mortas, e sigamos para a frente, agindo e ajudando sempre.

Cuide de sua saúde e avance como quem sabe que o vaso da experiência humana é precioso instrumento de realizações para hoje e amanhã, em plena eternidade. E para encerrar esta carta despretensiosa e alegre, farei uma prece que alinhavarei recordando os **nossos velhos tempos do Porto**:[1]

Senhor, que a nossa humilde mão se estenda
Onde a sombra da Terra se abra em dores.
Que os nossos pés te sigam onde fores,
Levando o amor por mágica oferenda!...

Que o nosso coração te escute e atenda
Nos escuros caminhos tentadores,
Nas alegrias e nos amargores
Para amar-te e servir-te sem contenda!

Cura-nos, Mestre, o espírito enfermiço
E move a nossa vida ao teu serviço
Em sublime e ditoso cativeiro.

Seja o teu braço amigo que aprimora,
O timão que nos guie estrada afora,
Estendendo-te a glória ao mundo inteiro!

Guarde um apertado abraço do seu velho amigo e companheiro de sempre,[2]

Abel

Reformador | Agosto de 1950

---

[1] Consta do original uma nota explicativa referentemente ao "Porto", que, segundo o articulista, era o povoado de Porto de Santo Antônio, atualmente a cidade de Astolfo Dutra, em Minas Gerais, na qual viveu e desencarnou Abel Gomes, autor da mensagem dirigida a Ismael Gomes Braga. Nessa cidade, há a Cabana Espírita Abel Gomes e a Fundação Espírita Abel Gomes, um abrigo para crianças, fundados nos anos 40. [2] A psicografia data de 8 de abril de 1950, e foi recebida em sessão íntima, sem referência de local, conforme informado no original de *Reformador*.

SERVIÇOS DE SUBLIMAÇÃO

(...) Cada reunião de vocês, na prece e no esforço evangélico, expressa uma reunião em nosso lado. Quando o médium identifica a presença de "A" ou "B", isso não significa visitação a esmo. A assembleia deliberada para os trabalhos espirituais compele a organização de outra no plano espiritual imediato. Somente assim um agrupamento consegue viver, superando as dificuldades no tempo, e projetar-se em benefícios para muita gente na vida coletiva. (...)

(...) Compreenderão, portanto, como é justificável nossa reclamação frequente, no que se refere à boa vontade, à assiduidade e ao horário. (...)

(...) Esses fatores se revestem de importância fundamental em qualquer grupo com tarefa de ascensão ou de extensão dos recursos do Alto. Em verdade, toda criatura que permaneça ainda ausente do ideal que hoje nos alimenta as almas pode receber o socorro dos espíritos amigos, mas o companheiro que esteja integrado num grupo cristão dispensa as situações especiais para que lhe doemos a nossa mensagem ou assistência, de acordo com as nossas necessidades mútuas, porquanto, na concentração de pensamentos, dentro dos objetivos de melhoria da personalidade, a mente se converte num ímã colocado em nossa direção, absorvendo-nos os avisos ou advertências, em forma de intuição. Nesse sentido, o hábito de estudar o Evangelho, refletindo-lhe as lições, é valioso exercício de imantação do nosso espírito com as esferas superiores. Por ocasião do sono físico ou da prece, o intercâmbio com os amigos desencarnados é mais fácil, mais substancioso e agradável. (...)

Não nos cansaremos, sobretudo, de solicitar-lhes a atenção para a região do pensamento.

(...) Quando meditamos no bem, cultivando-o diariamente, e nos predispomos a irradiá-lo através de ondas ininterruptas de compreensão e amor, nossa mente transforma-se pouco a pouco em gerador de luz. (...)

(...) Dia a dia vamos entendendo com mais segurança o valor de nosso concurso mental na regeneração no plano em que desfrutamos a bênção do trabalho e quanto mais pudermos arrojar o material inferior para fora de nós mesmos em maior parcela o superior resplandecerá em nossa estrada, descortinando-nos horizontes mais vastos e diferentes.

Onde prendemos nossos pensamentos aí se formará uma inibição à maior expansividade de nós próprios. A vida é força divina que nos toma a todos por instrumentos de transmissão, segundo a nossa capacidade de traduzir-lhe a grandeza. Nossa finalidade mais alta, por assim dizer, será, pois, a de canalizar os dons do Céu, convertendo-nos em doadores permanentes de amor e sabedoria, em nome da Divindade.

Mais crescimento de virtude, cultura, competência e experiência significa mais amplitude no raio de ação da nossa individualidade. Somos condutores vivos e conscientes do bem. A grandeza de nossa cooperação depende da grandeza do nosso potencial e sabemos que o aumento de potencial é obra nossa, tanto quanto a santificação da força vital de que dispomos ou o aviltamento dela. (...)

Toda reunião de vocês, portanto, fundamentada na lei de amor, com objetivos de aprendizado ou de assistência fraternal, está garantida pelo êxito. Precisamos, porém, compreender sempre que o esforço e a vitória não constituem obrigação e salário de alguns, mas sim o dever e a felicidade de todos.[1]

Neio Lúcio

Reformador | Setembro de 1950

[1] Constante do livro *Colheita do bem*, com psicografias de Chico Xavier pelo espírito Neio Lúcio, organizado por Wanda Amorim Joviano e publicado pela Vinha de Luz Editora em 2010, por ocasião do encerramento das comemorações do centenário de nascimento do maior médium de todos os tempos (1910-2010). Nessa obra, a mensagem intitulada "Serviços de sublimação", datada de 1 de março de 1950, pode ser encontrada na íntegra às p. 159-162.

O SANTUÁRIO DE ISMAEL

De portas abertas, diante da paisagem escura em que se agitam os viajores humanos, **o santuário de Ismael**, no Brasil, reflete a luz da Boa Nova, em comunhão com as fontes celestiais.

Da região platina ao vale amazônico, traça caminhos sutis de redenção para o mundo inteiro, no cultivo da árvore augusta do Evangelho, transplantada pelos pomicultores do Alto para o solo acolhedor da brasília esperança! Dia e noite, o seu leque gigantesco de claridades sublimes varre o céu constelado, descortinando ao planeta o alvorecer da nova era.

Milhões de almas lhe conhecem o manto protetor, desdobrado em nome de Jesus, no apostolado regenerativo.

Onde palpite o mínimo anseio de renovação interior aí comparece a sua mensagem, lenindo, reajustando, consolando, instruindo e reerguendo!

Sem cartazes berrantes, usa o clarim do amor, despertando os que "morreram" em pleno dia terrestre, operando milagres e disseminando bênçãos na reestruturação de destinos mil cada hora!...

O templo de Ismael, cujo coração pulsa, ditoso, na Federação Espírita Brasileira, não conhece inimigo, onde é defrontado pela injúria, e sim irmãos ignorantes, que se mostram credores de tolerância e esclarecimento.

Não relaciona culpados, onde a justiça enxerga criminosos, e sim infelizes, carecentes de amparo e colaboração.

Não identifica perseguidores, onde a pedrada lhe surpreende os serviços, e sim desventurados que se recomendam ao concurso da prece.

Não vê caluniadores, onde sofre o assédio da malícia ou da ingratidão, e sim companheiros intoxicados de personalismo destruidor, que se fazem dignos do mais amplo silêncio.

E num vasto programa de compreensão evangélica prossegue libertando os espíritos emparedados no cárcere das sombras, amolecendo corações petrificados no egoísmo, elevando o nível de autoconfiança naqueles que se descobriram no âmago do despenhadeiro, distribuindo alegria com os desesperançados, esclarecendo os que cobram tributos à insensatez e à ignorância, curando cegos e surdos sistemáticos, advertindo os que reprovam sem compaixão, consolando os que se restauram nos hospitais, reaquecendo as almas congeladas ao vento frio do desânimo, limpando a veste de quantos se precipitaram em antigos espojadouros de lama, eliminando a discórdia, educando a liberdade, controlando paixões, preparando a infância e a juventude para a dignidade do indivíduo e convidando criaturas de boa vontade para o reino espiritual do trabalho com o divino Mestre, em favor das crianças e dos velhos, dos cansados e dos tristes, dos loucos e dos doentes, dos fracos e dos fortes, dos justos e dos injustos, dos bons e dos maus.

Em franco ministério do amor, ilumina as almas por dentro, descerrando-lhes o caminho a seguir. Aqui revela o órfão desamparado, ali mostra o enfermo infeliz, além descortina o quadro do sofrimento, ensinando a ciência da restauração e do auxílio, do socorro e da solidariedade, através do próprio exemplo na renúncia com que se consagra ao soerguimento e santificação da humanidade.

Pela obra que realiza, não pede louvores. Pelos benefícios que espalha, não lança o imposto do reconhecimento. Confere o bem pelo mal e pela abençoada luz que acende, através do livro cristão, no lar brasileiro de oito milhões e meio de quilômetros quadrados, não reclama senão a possibilidade de continuar agindo e crescendo para servir a todos.

Ainda assim, na legítima sementeira da fraternidade e da elevação, conduzindo o estandarte da era nova pelas mãos abnegadas e valorosas dos obreiros fiéis que o servem, o santuário divino não se furta à guerra fria das trevas, recebendo, sem revolta, os golpes da maledicência e da suspeição, retribuindo-os com o entendimento e com a bondade daqueles que nunca se cansam de ajudar e progredir.

Grande templo de Ismael, perdoa os peregrinos em desespero que te atravessam os pórticos sagrados sem alijar o barro das sandálias, auxilia a todos que ainda te não podem compreender e, de antenas erguidas para a Espiritualidade Superior, prossegue para diante, estendendo a Boa Nova a todos os quadrantes do mundo, sob o céu doce e claro do Brasil em que resplandece, vitoriosa e sublime, a estrelada mensagem da cruz!...

Irmão X

Reformador | Outubro de 1950[1]

[1] Mensagem publicada também em *Reformador* de junho de 1972 e de janeiro de 1980.

NO PÁTRIO LAR

Sob este céu de eterna primavera,
Onde a glória da vida se agiganta,
Desfralda-se a bandeira sacrossanta
Da paz ao mundo que se desespera.

Do Amazonas ao Prata, se levanta
A civilização da nova era
Na comunhão do bem, alta e sincera,
Em que a lição do Mestre vibra e canta.

Jovens d**o pátrio lar**, aberto em flores,
Sois com Jesus os novos construtores
Do altar de luz aos corações brasílios!

Prosseguindo convosco, lado a lado,
Afago-vos com o pranto emocionado
Do santo amor de um pai que beija os filhos.

Pedro D'Alcântara

Reformador | Dezembro de 1950

REFERÊNCIAS BIBLIOGRÁFICAS

ISMAEL GOMES BRAGA. *In*: <http://aron-um-espirita.blogspot.com.br/2013/08/ideias-novas.html>. Acesso em: 11 set. 2013.

LEÃO, Geraldo; LEMOS NETO, Geraldo (Orgs.). *Pedro Leopoldo vista por Chico Xavier* – 49 anos da presença do maior médium de todos os tempos | 1910-1959. Belo Horizonte: Vinha de Luz, 2011.

LEMOS NETO, Geraldo. *Acervo fotográfico da Casa de Chico Xavier*. Pedro Leopoldo: 2014, Rua Pedro José da Silva, 67.

REFORMADOR. Rio de Janeiro: FEB, abr.-set. 1933. (*s.d.t.*)

REFORMADOR. Rio de Janeiro: FEB, mar.-ago. 1934. (*s.d.t.*)

REFORMADOR. Rio de Janeiro: FEB, fev.-abr.-set.-dez. 1935. (*s.d.t.*)

REFORMADOR. Rio de Janeiro: FEB, fev.-mai.-jun.-jul.-ago.-set.-out.-dez. 1936. (*s.d.t.*)

REFORMADOR. Rio de Janeiro: FEB, abr. 1937. (*s.d.t.*)

REFORMADOR. Rio de Janeiro: FEB, jul. 1938. (*s.d.t.*)

REFORMADOR. Rio de Janeiro: FEB, mar.-jul.-set.-out.-nov. 1939. (*s.d.t.*)

REFORMADOR. Rio de Janeiro: FEB, jan.-fev.-jul.-set. 1940. (*s.d.t.*)

REFORMADOR. Rio de Janeiro: FEB, mar.-jun. 1941. (*s.d.t.*)

REFORMADOR. Rio de Janeiro: FEB, abr.-mai. 1943. (*s.d.t.*)

REFORMADOR. Rio de Janeiro: FEB, nov. 1944. (*s.d.t.*)

REFORMADOR. Rio de Janeiro: FEB, abr.-mai.-jun.-jul. 1945. (*s.d.t.*)

REFORMADOR. Rio de Janeiro: FEB, abr.-jul.-nov. 1946. (*s.d.t.*)

REFORMADOR. Rio de Janeiro: FEB, jan.-mar.-abr.-jun.-jul.-set. 1947. (*s.d.t.*)

REFORMADOR. Rio de Janeiro: FEB, jan.-jul.-set.-out.-nov.-dez. 1948. (*s.d.t.*)

REFORMADOR. Rio de Janeiro: FEB, jul.-dez. 1949. (*s.d.t.*)

REFORMADOR. Rio de Janeiro: FEB, jan.-ago.-set.-out.-dez. 1950. (*s.d.t.*)

XAVIER, Francisco Cândido; JOVIANO, Wanda Amorim (Org.). *Colheita do bem*. Ditado pelo espírito Neio Lúcio. Belo Horizonte: Vinha de Luz, 2010.

XAVIER, Francisco Cândido; TAVARES, Clóvis; TAVARES, Flávio Mussa (Orgs.). *Luz na Escola* – Chico xavier na Escola Jesus Cristo de Campos | RJ. Ditado por espíritos diversos. Belo Horizonte: Vinha de Luz, 2010.

XAVIER, Francisco Cândido; LEMOS NETO, Geraldo; JOVIANO, Wanda Amorim (Orgs.). *Depois da travessia*. Ditado por espíritos diversos. Votuporanga: Didier/Vinha de Luz, 2013.

LEIA
TAMBÉM

Sementeira de luz

Voltando à Terra no século XIX, Neio Lúcio encarna a personalidade de Arthur Joviano, cujo núcleo familiar, em missão redentora de um passado longínquo, conta com as presenças de personagens descritos nos romances *50 anos depois* e *Renúncia*. Desprendido em 1934, Neio Lúcio inicia sua comunicação com a família, através da mediunidade de Chico Xavier, em reuniões semanais de culto evangélico na casa de Rômulo Joviano, em Pedro Leopoldo | MG. As mensagens, repletas de sabedoria e amor extremado por todos aqueles com os quais conviveu, são bem a confirmação dos compromissos reparadores que assumimos na Espiritualidade, alicerçados nos ensinamentos de Jesus para nos tornarmos legítimos semeadores da Boa Nova.

Pelo Espírito Neio Lúcio
Psicografia de Francisco Cândido Xavier
Organização de Wanda Amorim Joviano

Deus conosco

Deus conosco é o livro que dá sequência às revelações espirituais inéditas da psicografia de Francisco Cândido Xavier, trazidas a lume pela prestimosa organização de Wanda Amorim Joviano, com a colaboração de Geraldo Lemos Neto. As mensagens, recebidas em sua maioria no culto doméstico do Evangelho no lar da família Joviano, nas décadas de 30 a 50, na Fazenda Modelo, em Pedro Leopoldo | MG, são de autoria de Emmanuel, o espírito responsável pela materialização da extensa bibliografia que tanto esclarecimento e consolação verteram da Vida Maior para a face da Terra, através das abnegadas mãos de Chico Xavier. Deus conosco nos traz de volta ao convívio os memoráveis discípulos do Cristo, ligados desde priscas eras, cuja missão foi a da revivescência do Cristianismo puro e simples dos tempos apostólicos, no coração humilde e generoso das terras pacíficas do Brasil.

Pelo Espírito Emmanuel
Psicografia de Francisco Cândido Xavier
Organização de Wanda Amorim Joviano e Geraldo Lemos Neto

MILITARES NO ALÉM

Dentre os tesouros guardados por Wanda Amorim Joviano, MILITARES NO ALÉM, da lavra de Chico Xavier nos anos de 36 a 52, no mínimo surpreende pela atualidade das mensagens em torno da paz que a humanidade do século XXI tanto anseia. Fruto da sua ingente dedicação no desdobre das tarefas mediúnicas no culto do lar realizado durante muitos anos pelo *Grupo Doméstico Arthur Joviano*, na Fazenda Modelo, em Pedro Leopoldo | MG, esse livro relata, na perspectiva espiritual de muitos servidores da pátria, a realidade consoladora do *outro lado*, onde o trabalho pelo bem não cessa e a esperança é sentimento que inspira a vitória do amor preconizado por Jesus.

ESPÍRITOS DIVERSOS
PSICOGRAFIA DE FRANCISCO CÂNDIDO XAVIER
ORGANIZAÇÃO DE WANDA AMORIM JOVIANO

ILUMINURAS

ILUMINURAS é a primeira publicação de bolso da Vinha de Luz Editora. É composta de pensamentos e frases extraídos do livro *Deus conosco*, do venerável espírito Emmanuel, psicografado por Francisco Cândido Xavier nas décadas de 30 a 50, durante o culto cristão no lar do Dr. Rômulo Joviano, na Fazenda Modelo, em Pedro Leopoldo | MG. A riqueza dos ensinamentos evangélicos apresentados na obra fala por si só e atesta o amparo de nosso Senhor Jesus Cristo à divulgação da Doutrina Espírita, codificada pelo apóstolo Allan Kardec.

PELO ESPÍRITO EMMANUEL
PSICOGRAFIA DE FRANCISCO CÂNDIDO XAVIER
ORGANIZAÇÃO DE CEZAR CARNEIRO DE SOUZA

Sementeira de paz

Volume que dá sequência ao roteiro de revelações espirituais do espírito de Neio Lúcio, que em última romagem terrena envergou a personalidade de Arthur Joviano, pai de Dr. Rômulo Joviano, diretor da Fazenda Modelo em Pedro Leopoldo | MG, onde Chico Xavier trabalhou por largos anos. As mensagens nele contidas surgiram espontaneamente pela psicografia de Chico Xavier a partir de 1935, na residência da família Joviano, na própria Fazenda Modelo, durante o culto do Evangelho no lar do *Grupo Doméstico Arthur Joviano*, a que Chico prazerosamente se dirigia depois de findos os seus trabalhos diuturnos, dando a *Deus o que é de Deus* após dar a *César o que é de César*. Recebidas por Chico Xavier de 1946 a 1948, as mensagens de Neio Lúcio foram batizadas de SEMENTEIRA DE PAZ, sendo esse novo livro, organizado por Wanda Joviano, dedicado ao centenário de nascimento de Chico Xavier (1910-2010), o *medianeiro do amor*.

Pelo Espírito Neio Lúcio
Psicografia de Francisco Cândido Xavier
Organização de Wanda Amorim Joviano

Colheita do bem

A autoria desse livro pertence ao professor Arthur Joviano, o estimado benfeitor espiritual que todos nós conhecemos com o nome de Neio Lúcio, personagem do romance *50 anos depois*, de quem recebemos valiosos ensinamentos dirigidos ao espírito imortal que vai vencer a morte e transpor os séculos. Chico Xavier psicografou as mensagens do livro durante o culto do Evangelho no lar da família Joviano, na Fazenda Modelo em Pedro Leopoldo, onde trabalhava. No *Colheita do bem* estão as páginas recebidas nos anos de 1949 a 1952, sendo, portanto, as últimas psicografadas na Fazenda Modelo, uma vez que em 1952 a família Joviano transferiu definitivamente sua residência para a cidade do Rio de Janeiro. *Colheita do bem* finaliza a série iniciada com o livro *Sementeira de luz*, seguido pelo *Sementeira de paz* — formando uma verdadeira trilogia da luz, da paz e do bem maior, que a todos nos une no carreiro da evolução espiritual para Deus.

Pelo Espírito Neio Lúcio
Psicografia de Francisco Cândido Xavier
Organização de Wanda Amorim Joviano

Luz na Escola —
Chico Xavier na Escola Jesus Cristo de Campos | RJ

Esse é um livro de Francisco Cândido Xavier, com mensagens psicografadas por ele durante visita de quatro dias à Escola Jesus Cristo, em Campos | RJ, em 1940. Contém comentários de seu organizador, Clóvis Tavares, testemunha ocular de todos os fenômenos ali ocorridos. Os textos desse volume representam uma reedição da sua primeira, pequena, única e esgotada edição, feita também em 1940, publicação de caráter doméstico da Escola Jesus Cristo, agora reeditada pela Vinha de Luz, que desempenha hoje um papel ímpar no resgate histórico da produção mediúnica de Chico Xavier.

Espíritos Diversos
Psicografia de Francisco Cândido Xavier
Organização de Clóvis Tavares e Flávio Mussa Tavares

Viajantes —
A espiritualidade iluminando sua mente e seu coração através de Chico Xavier

Primeiro audiolivro da Vinha de Luz Editora, esse CD reúne 20 mensagens de espíritos diversos, psicografadas por Chico Xavier ao longo de seus 75 anos de labor mediúnico. Com um sugestivo título-tema e trilha sonora de rara beleza, VIAJANTES, organizado e interpretado por Fernando Peron, é um incentivo ao estudo sério e aprofundado de tão extraordinário patrimônio filosófico, científico e religioso legado a nós pelas mãos operosas e abençoadas de Chico Xavier.

Espíritos Diversos
Psicografia de Francisco Cândido Xavier
Organização e interpretação de Fernando Peron

EDIÇÃO ESPECIAL

CHICO XAVIER — O PRIMEIRO LIVRO

Vinte anos antes de sua desencarnação, Chico Xavier revelou que sempre guardou no íntimo o desejo de publicar as belas produções mediúnicas que os amigos espirituais escreviam por seu intermédio, nos idos dos anos 20. Curiosamente, Chico confeccionava, com suas próprias mãos e com grande esforço, alguns exemplares com a finalidade de despertar os amigos para a possibilidade de um livro. Face à pobreza material com a qual vivia, ao médium restava a esperança de que algum desses amigos se interessasse pelo tema e, talvez, movimentasse os recursos necessários para uma publicação. De suas primeiras produções manuais, contendo, inclusive, a sua sensibilidade artística no desenho e na ilustração das mensagens, Chico conseguiu guardar durante toda a sua vida um único exemplar, que ao final de sua existência terrena entregou ao seu sobrinho-neto, Sérgio Luiz Ferreira Gonçalves, que no-lo apresentou para a devida divulgação. Esse é então, de fato e de direito, o primeiro livro de Chico Xavier, que a Vinha de Luz Editora da Casa de Chico Xavier de Pedro Leopoldo trouxe a lume, com a alegria de presentear o amado amigo Chico com a edição de seu *primeiro livro* no ano de 2010, ano de seu centenário de nascimento.

ESPÍRITOS DIVERSOS
PSICOGRAFIA DE FRANCISCO CÂNDIDO XAVIER
ORGANIZAÇÃO DE GERALDO LEMOS NETO E
SÉRGIO LUIZ FERREIRA GONÇALVES

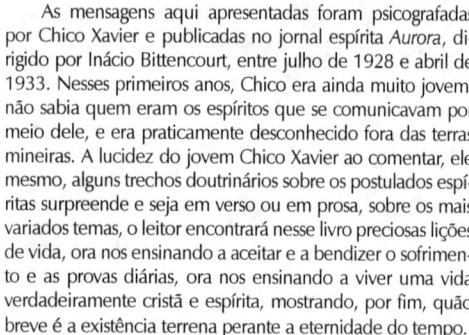

Chico Xavier —
A aurora de uma vida entre o céu e a Terra

As mensagens aqui apresentadas foram psicografadas por Chico Xavier e publicadas no jornal espírita *Aurora*, dirigido por Inácio Bittencourt, entre julho de 1928 e abril de 1933. Nesses primeiros anos, Chico era ainda muito jovem, não sabia quem eram os espíritos que se comunicavam por meio dele, e era praticamente desconhecido fora das terras mineiras. A lucidez do jovem Chico Xavier ao comentar, ele mesmo, alguns trechos doutrinários sobre os postulados espíritas surpreende e seja em verso ou em prosa, sobre os mais variados temas, o leitor encontrará nesse livro preciosas lições de vida, ora nos ensinando a aceitar e a bendizer o sofrimento e as provas diárias, ora nos ensinando a viver uma vida verdadeiramente cristã e espírita, mostrando, por fim, quão breve é a existência terrena perante a eternidade do tempo.

Espíritos Diversos
Psicografia de Francisco Cândido Xavier
Organização de João Marcos Weguelin

Lições para Angelita

Quando Chico Xavier tinha apenas 20 anos, dois personagens importantes surgiram para marcar a sua vida: a menina Angelita e sua mãe extremosa. Esse livro contém 20 mensagens repletas de ensinamentos preciosos, repassados de mãe para filha, a partir do dia a dia que ambas vivenciam e também das perguntas que a menina faz sobre os mais diversos temas acerca da existência. São lições para todas as pessoas. A receita segura para a construção do homem de bem – meta que todos nós devemos buscar.

Pelo Espírito João de Deus
Psicografia de Francisco Cândido Xavier
Organização de João Marcos Weguelin

Depois da travessia

Mais um volume da psicografia inédita de Chico Xavier, por espíritos diversos. A sua primeira parte é originária da fase do médium em Pedro Leopoldo, na Fazenda Modelo, na qual, após o serviço, frequentou o culto do Evangelho no lar do *Grupo Doméstico Arthur Joviano*, levado a efeito, semanalmente, pela família de Dr. Rômulo Joviano. Já a segunda parte é fruto da última fase da psicografia do médium em Uberaba, onde, nas sessões públicas do Grupo Espírita da Prece, recebeu o espírito da irmã, D. Luiza Xavier, em diversas oportunidades, a partir de 13 de julho de 1985. Permeando as comoventes mensagens desses espíritos sobre a própria sobrevivência além-túmulo, há fac-símiles de mensagens de Emmanuel e de Bezerra de Menezes, fotografias e escritos inéditos de Chico Xavier ilustrando as épocas e as personalidades citadas. A obra é, pois, instrutivo volume contendo valiosas informações sobre a vida espiritual Depois da travessia dos umbrais da morte do corpo físico, a induzir-nos o espírito distraído no mundo a uma mais ampla reflexão sobre a imortalidade, patenteando-se-nos a real significação das palavras de Jesus, nosso Senhor e Mestre: "A cada um será dado segundo as próprias obras."

Espíritos Diversos
Psicografia de Francisco Cândido Xavier
Organização de Geraldo Lemos Neto e
Wanda Amorim Joviano

Militares com Jesus

As lições deste livro são de autoria de respeitáveis espíritos que passaram pela Terra na difícil experiência como militares. Portadores de grandes responsabilidades no dever, na disciplina, sobretudo integrados na justiça, propugnam, com amor, pela paz e pela felicidade dos povos, e do Brasil como pátria do Evangelho de nosso Senhor Jesus Cristo. São fragmentos extraídos do livro *Militares no Além*, psicografado por Francisco Cândido Xavier no período de 1936 a 1952 em Pedro Leopoldo, Minas Gerais, selecionados e organizados no presente volume como valiosos ensinamentos dos benfeitores da Vida Maior.

Por Espíritos diversos
Psicografia de Francisco Cândido Xavier
Organização de Cezar Carneiro de Souza

Registros imortais

Registros imortais resgata para a história da Doutrina Espírita o trabalho de desobsessão e de esclarecimento aos desencarnados levado a efeito no Centro Espírita Meimei, fundado por Chico Xavier na Pedro Leopoldo dos anos 50. Por meio da psicofonia, Chico Xavier e diversos outros médiuns receberam mensagens da Vida Maior assinadas por espíritos sofredores e em evolução, em cujo cerne encontramos o Evangelho de Jesus como alicerce seguro para a vida imortal. Complementando as obras *Instruções psicofônicas* e *Vozes do Grande Além*, editadas pela Federação Espírita Brasileira em 1955 e 1957, respectivamente, esse livro é mais um documento importante para o Espiritismo no Brasil e no mundo, testificando a ingente capacidade mediúnica e caritativa do maior médium de todos os tempos e a valiosa contribuição de todos aqueles que com ele conviveram nessas tarefas consoladoras.

Espíritos Diversos
Psicofonia de Francisco Cândido Xavier
Organização de Eugênio Eustáquio dos Santos

Pérolas de sabedoria

Compulsados do livro *Sementeira de luz*, organizado por Wanda Amorim Joviano, as frases e os textos apresentados no livro Pérolas de sabedoria foram coletados e reunidos por Braz José Marques com o propósito de engrandecer o aprendizado de todos nós nos estudos evangélicos do dia a dia. As pérolas da Espiritualidade — aqui incrustadas na condição de joias valiosas — são fundamentais para o esclarecimento daqueles que delas se valerem, expositores ou não da Doutrina Espírita.

Pelo espírito Neio Lúcio
Psicografia de Francisco Cândido Xavier
Organização de Braz José Marques

Obras da fé

A Vinha de Luz tem como missão maior a publicação e a divulgação de obras inéditas da lavra mediúnica de Francisco Cândido Xavier. Esse lançamento comemora seus 10 anos de trabalho e traz para o leitor uma seleção de mensagens de espíritos diversos, psicografadas pelo maior médium de todos os tempos, publicadas em 14 livros lançados por ela na última década. São mensagens de bênçãos. Uma obra de fé, que testifica a grandeza do compromisso para com a Doutrina dos Espíritos e para com o Evangelho do Cristo, respondendo ao chamado da tarefa abençoada com o livro espírita e com a preservação e a difusão da vida e da obra de Chico Xavier no Brasil e no mundo.

Espíritos Diversos
Psicografia de Francisco Cândido Xavier
Organização de João Marcos Weguelin

Chiquito

CHIQUITO, da autora portuguesa Julieta Marques, conta um pouco da vida de Chico Xavier em linguagem acessível e direta, num convite ao amor, à humildade e à disciplina exemplificados pelo *médium do século*. Totalmente ilustrado, CHIQUITO é o segundo título da Vinha de Luz Editora voltado à evangelização infantil, que atende, sem dúvida alguma, às *crianças de todas as idades*.

Julieta Marques

O voo da garça — Chico Xavier em Pedro Leopoldo | 1910-1959

Esse trabalho histórico, do pesquisador pedroleopoldense Jhon Harley, que conviveu por 21 anos com Chico Xavier, é mais uma contribuição para compreender a figura humana do médium mineiro. Utilizando instrumentos e orientações do campo da História, principalmente no que diz respeito ao uso e à interpretação das fontes orais, escritas e iconográficas disponíveis, o autor transitou entre o acadêmico e o poético, fazendo uma analogia entre uma revoada de garças, ocorrida em 2 de abril de 1910, e a permanência de uma delas entre nós.

Jhon Harley

Chico Xavier — O médium dos pés descalços

Chico Xavier foi, durante toda a sua vida, a personificação do bem, do amor ao próximo e da humildade. Nesse livro, Carlos Baccelli relata casos pessoais em torno do médium mineiro e registra, por meio de cartas que agora torna públicas, sua amizade estreita com o maior representante do Espiritismo no Brasil e no mundo. O autor nos coloca em contato muito próximo com Chico Xavier. É como se estivéssemos frente à frente com ele, numa conversa intimista, repleta de ensinamentos. É quase uma conversa ao pé do ouvido — em que podemos sentir de novo, e mais uma vez, a sua insubstituível presença.

Carlos Antônio Baccelli

Chico Xavier com você

Chico, mais que médium, era sábio. Em seus lábios, tanto ecoavam lições dos espíritos amigos quanto ensinamentos de sua própria autoria. Aqui, nessas páginas, garimpando em obras, revistas e periódicos antigos, o autor organizou uma coleção de pérolas que, sem dúvida alguma, não figuram em nenhuma outra coleção do mundo. Por isso, certamente, com esse abençoado livro você estará de posse de um tesouro de valor incalculável. Um tesouro que fará de você uma das pessoas mais ricas entre todos os homens!

Carlos A. Baccelli

Pedro Leopoldo vista por Chico Xavier — 1910 | 1959

49 anos da presença do maior médium de todos os tempos

O que o menino, o jovem e o adulto Chico Xavier vislumbrou em seus primeiros anos de experiências humanas e durante o desabrochar de suas faculdades mediúnicas a serviço do Cristo e da Doutrina dos Espíritos? O que teria o seu cândido olhar registrado pela retina da convivência e da saudade? Esse livro reúne extenso material inédito sobre o maior médium de todos os tempos, com fotografias e documentos recuperados, classificados e arquivados pelo memorialista pedroleopoldense Geraldo Leão, do Arquivo Geraldo Leão, e por Geraldo Lemos Neto, da Casa de Chico Xavier, que retratam principalmente o ambiente socioeconômico e cultural de Pedro Leopoldo dentro do período em que Chico Xavier lá residiu, desde o berço, em 1910, até a sua mudança definitiva para Uberaba, em 1959.

Geraldo Leão e Geraldo Lemos Neto

Célia Lucius, Santa Marina — Semelhanças entre as biografias católicas e o romance *50 anos depois* de Francisco Cândido Xavier e Emmanuel

CÉLIA LUCIUS, SANTA MARINA é a revivescência da vida daquela que Chico Xavier | Emmanuel descreveram no romance *50 anos depois* como *"o lírio que nasceu do lodo das paixões do mundo para perfumar a noite da vida terrestre"* e que a igreja católica canonizou no século V. Aqui, por meio do minucioso e irrefutável estudo biográfico realizado por Flávio Mussa Tavares, filho do saudoso Clóvis Tavares, de Campos | RJ, o leitor se deparará com diversos relatos sobre Célia, confirmando a veracidade da narrativa do médium mineiro nos idos dos anos 40, tal qual previra Emmanuel no prefácio da obra referenciada. Para os espíritas, a consolidação da interexistência de Chico no desdobramento do labor mediúnico a benefício da difusão da Doutrina e sua prática evangelizadora, exemplificando o amor e a humildade legitimamente cristãos. Para os demais, uma reflexão sobre as lutas transitórias da vida física e a realidade além-túmulo — a verdadeira vida de todos nós.

Flávio Mussa Tavares

Evangelho puro, puro Evangelho — Na direção do Infinito

Seguidor inconteste da Boa Nova do Cristo, e espírita em sua mais pura essência filosófica, Martins Peralva deixou para os estudiosos da Doutrina textos de iluminada sabedoria e reflexão, que foram reunidos no livro *Evangelho puro, puro Evangelho — Na direção do Infinito*, organizado por Basílio Peralva, e que a Vinha de Luz Editora trouxe a lume numa homenagem ao centenário de nascimento do *médium do século*, Francisco Cândido Xavier (1910|2010). A obra, que congrega artigos publicados na imprensa de 1945 a 1999, é indispensável ao homem de boa vontade, abordando temas imprescindíveis a todos os corações que jornadeiam rumo ao progresso espiritual.

Martins Peralva
Organização de Basílio Peralva

Isabel —
A mulher que reinou com o coração

Dois dias após psicografar as primeiras das milhares de páginas através das quais o mundo espiritual se comunicou por seu intermédio, Chico Xavier manteve um revelador encontro com uma ilustre senhora que lhe mudaria o curso de vida. Era D. Isabel de Aragão, mais conhecida como Rainha Santa Isabel, a célebre rainha de Portugal, para sempre associada ao milagre da transformação do pão em rosas. Embora em circunstâncias e contextos distintos, ambos experimentaram o poder, a riqueza, a fama e a adoração, contudo, optaram por viver uma intensa vida interior feita de humildade, perdão, tolerância, paciência, compaixão e caridade como expressões do amor. Esse trabalho avança para além da vida de Isabel de Aragão, apresentando outras duas figuras históricas: Santa Isabel da Hungria e Isabel de Portugal, duquesa da Borgonha. Colocadas as narrativas das vidas das três personagens lado a lado, emergem repetições e similitudes, nas quais encontramos a essência da reencarnação. Obviamente, caberá a cada leitor fazer o seu juízo de valor perante os fatos, porém, no conjunto das três, verificamos como uma personalidade se desenvolve e se amplia nas ações meritórias, exemplificando-se o progresso próprio e incessante pela condição moral que apresenta, pois sendo as almas iguais pela filiação são diferentes pela consciência espiritual que revelam. Segundo testificou o próprio Chico sobre D. Isabel de Aragão, *"ela é um dos gênios espirituais protetores da raça luso-brasileira em diversas partes do mundo para que os povos luso-brasileiros conservem a fraternidade cristã que Jesus nos legou"* (Adelino da Silveira, *Chico, de Francisco*, CEU).

Maria José Cunha

Era uma vez para sempre

Voltado à evangelização infanto-juvenil, esse livro é um compêndio de mensagens de graciosa narrativa, que enfeixa os ensinamentos do Cristo sob a ótica do Espiritismo, correlacionados a diversos assuntos de ordem espiritual e humana. Suas personagens principais — crianças sedentas de amor e de conhecimento — encantam pela perseverança no bem, sempre amparadas pela nobre e sábia Vovó Angel, que, como o próprio nome já diz, é um anjo do Senhor em suas vidas de aprendizado rumo à luz.

Pelo Espírito Blandina
Psicografia de Carlos Malab

Réstia de luz

Primeiro livro editado pela Vinha de Luz Editora, lançado por ocasião do bicentenário de Allan Kardec (1804|2004) e dos 140 anos da primeira edição de *O Evangelho Segundo o Espiritismo* (1864|2004). Traz mensagens recebidas de espíritos diversos, psicografadas pelo médium Geraldo Lemos Neto, que interpretam as lições de *O Evangelho Segundo o Espiritismo*, nos indicando os caminhos mais certos da vida no permanente convite de nosso Mestre e Senhor Jesus.

Espíritos Diversos
Psicografia de Geraldo Lemos Neto

Ignácio de Antioquia

Uma viagem ao tempo da simplicidade e da pureza do Cristianismo, em sua mais bela e genuína expressão. Obra mediúnica repleta de episódios históricos do Cristianismo primitivo, que resgata para a memória da humanidade a vida e a trajetória de um dos seguidores mais valorosos de nosso Senhor Jesus Cristo.

Pelo Espírito Theophorus
Psicografia de Geraldo Lemos Neto

Departamento Editorial da Casa de Chico Xavier
Av. Álvares Cabral, 1777 — 20º andar — Sala 2006
Santo Agostinho | 30170-001 | Belo Horizonte | MG
(31) 2531-3200 | 2531-3300 | 3517-1573

www.vinhadeluz.com.br
informacoes@vinhadeluz.com.br

www.casadechicoxavier.com.br
informacoes@casadechicoxavier.com.br

Este livro foi composto em tipologia Zapf Humanist, corpo 11, predominantemente.
Capa impressa em papel Supremo 250g e miolo impresso em Pólen Soft 80g.
Lis Gráfica e Editora Ltda. | Guarulhos | São Paulo

www.ingramcontent.com/pod-product-compliance
Lightning Source LLC
Chambersburg PA
CBHW071721120626
46550CB00001B/324
9788563716224